▶ 헤이민지의
영어혼공

초판 1쇄 발행 | 2021년 6월 30일
초판 2쇄 발행 | 2021년 7월 15일

지은이 | 임민지
발행인 | 김태웅
기획·편집 | 이지혜
디자인 | MOON-C Design
마케팅 | 나재승
제 작 | 현대순

발행처 | (주)동양북스
등 록 | 제 2014-000055호
주 소 | 서울시 마포구 동교로22길 14 (04030)
구입 문의 | 전화 (02)337-1737
              팩스 (02)334-6624
내용 문의 | 전화 (02)337-1763

ISBN 979-11-5768-712-1 (03740)

© 2021, 임민지

혼공러를 위한 영어 실력 급성장의 비밀

▶ 헤이민지의
영어
혼공

임민지 지음

📖 동양북스

저도 여러분처럼 영어를 공부하는 학습자입니다. 제가 이 책을 통해 여러분께 드리고 싶은 말은 '여러분도 꼭 이렇게 공부하세요'가 아닙니다.

저는 성인이 되어서야 영어 회화 공부를 시작했어요. 그러면서 다양한 방법을 접했지요. 지금의 영어 회화 수준까지 올리는 동안 많은 시행착오를 겪었고, 그중에 저에게 효과가 있고 잘 맞았던 방법을 소개해 드리고 싶었어요. 그게 여러분께도 도움이 되었으면 합니다.

저는 문법 공부를 중시하지만, 영어 말하기를 잘하는 분 중에는 문법이 중요하지 않다고 하는 분도 계십니다. 이처럼 제가 지금 수준의 영어 실력을 갖췄다고 해서, 제가 공부해 온 방법이 무조건 들어맞는다고 볼 수 없습니다. 그러니 소개해 드린 방법들을 다양하게 시도해 보세요. 그다음 여러분께 가장 효과가 좋은 방법을 선택해 꾸준히 공부를 이어 나가세요.

한 가지 더! 진부하게 들리겠지만, 즐겨야 꾸준히 공부할 수 있습니다. 영어 공부는 다이어트와 같은 듯해요. 끈덕지게 해야 하는데, 재미없는 방법과 매체로 꾸준히 공부할 수 있을까요?

제 지인 중에 NCT를 너무 좋아해서 한국어 공부를 하는 미국인이 있습니다. 처음 그분과 한국어로 대화했을 때 놀라웠어요. 한국어를 이렇게 잘 구사하는 외국인과 대화해 본 적이 없었거든요. 공부를 즐긴 덕분에 뛰어난 한국어 실력을 갖추게 되었다고 생각합니다.

영어에 도통 정이 생기지 않는다면, 좋아하는 것을 영어로 즐기는 습관을 들여 보세요. 여러분에게 잘 맞는 학습 방법으로 꾸준히 공부하다 보면 영어 실력은 자연스럽게 늘 겁니다. 즐거운 영어 공부가 되길 바라요.

저자 **임민지**

민지 님이 영어로 말하는 동영상으로 섀도잉 시작한 지 3일째인데

영어 말문이 터지고 있어요!

영어로 말하는 동영상 많이 만들어 주세요. 감사합니다.

무엇보다 민지 님 발음과 억양이 맘에 들어요. 사랑합니데잉♥♥♥♥♥

– 공유**

여러 유튜버 중에 제일 영향 많이 주신 분 [...]

헤이민지 님 영상은 포기하지 않고 노력하면 된다는 걸

제대로 보여 주셔서 신뢰가 가고 존경심도 생기네요:)

– H**

민지 님 영상을 보면 늘 영어 공부가 하고 싶어져요.

수능 이후로 오랫동안 영어를 놓은 직장인인데

민지 님 영상을 복습하며 의욕을 다져야겠어요.

– **Byeotnui

진짜 유학 안 하고도 영어 실력을 이렇게 끌어올릴 수 있을지 몰랐어요.

제 인생은 진짜 민지 님 유튜브 발견 전과 후로 나뉜다고 해도 과언이 아닐 정도.

- 김**

민지 님! 많은 고민과 시행착오를 거쳐서 알게 되신 방법들 이렇게 공유해 주셔서
항상 감사드려요ㅎㅎ 잘 안 느는 것 같아 막막해질 때마다 민지 님 영상 봅니다)(

- Una ***

언니는 저의 영어 롤모델이에요♥ [...] 시험 끝나고 언니가 알려 주신 방법대로 다
해 볼 겁니다. 이런 질 좋은 콘텐츠 만들어 주셔서 너무 감사해요.

- 사랑중의 **

민지 님이 알려 주신 방법들 덕분에 2년 동안 정말 많이 성장했습니다.
특히 추천해 주셨던 팟캐스트들은 아직도 꾸준히 듣고 있어요!
이제는 자막 없이도 민지 님이 영상에서 하시는 말이 이해가 가니까
나름의 희열도 느껴집니다. 하하, 정말 고맙습니다.

- CM ***

아니, 이건 진짜 돈 받고 알려 줘야 하는 거 아닙니까
들숨에 건강, 날숨에 재력을 얻으세요.
감사해요, 민지 님. 너무너무너무너무!

- Sora ****

영상 대박. 너무 유용해서 손뼉을 쳤습니다...
사이트 참고해서 영어 공부 더 열심히, 효율적으로 할게요! 감사합니다!

- **카레이건

진짜 영어 회화 공부하는 사람한테 핵꿀팁입니다. 감사해요.

- Liz***

헤이민지의 영어 혼공법을 알아보기 전에 자신의 영어 실력부터 진단하고 가겠습니다. 단계는 초급, 초중급, 중급, 중상급 이상, 이렇게 4단계로 나누었으며 말하기 능력을 중점으로 구분하였습니다. 아래 표의 내용을 하나씩 읽고 체크해 보며, 자신의 실력을 간단히 알아보세요. 그 후 책의 학습법을 참고하여 학습 계획을 세운다면 더욱 효과적으로 영어 공부를 할 수 있습니다.

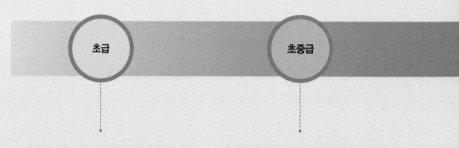

초급

초중급

▶ 간단한 자기소개 및 기본 인사말을 할 수 있다.
▶ Be동사와 일반 동사의 개념을 알고 간단한 문장을 만들어 말할 수 있다.
▶ 다양한 주제의 문장을 다 만들어 내지 못하더라도 필요한 단어를 말할 수 있다.

▶ 일상생활에서 친숙한 주제로 말할 수 있다.
▶ 기초 문법 지식이 있어 문법 지식을 활용해 스스로 문장을 만들어 말할 수 있다.
▶ 구동사의 개념을 알고 사용할 수 있다.

e.g.

I'm a student. I'm majoring in OOO.
저는 학생입니다. 저는 OOO을 전공하고 있어요.

A : Do you have a car?
당신은 차를 가지고 있나요?
B: Yes, I do. / Yes, I have one.
네, 있어요. / 네, 하나 가지고 있어요.

e.g.

What do you do in your spare time?
여가 시간에 무엇을 하나요?

I like hanging out with my friends.
저는 친구들과 노는 것을 좋아해요.

| 중급 | 중상급
이상 |

- ▶ 문장을 확장하는 데 필요한 요소(관계대명사, 접속사 등)를 알고, 적절히 문장을 길게 만들어 말할 수 있다.
- ▶ 다양한 주제로 자기 생각을 표현할 수 있다.
- ▶ 일상 대화를 넘어서서 특정 상황에 쓰는 어휘나 표현 등을 알고 사용할 수 있다.

- ▶ 일반적인 상황에서 대화를 나누는 데 큰 무리가 없다.
- ▶ 일부 주제의 장단점 논의 및 자유로운 의사 표현이 가능하다.
- ▶ 다양한 구동사와 이디엄을 사용할 줄 안다.
- ▶ 조동사 사용법을 명확히 알고, 가정법과 같은 특정 문법 구사에 어려움이 없다.

e.g.

I'm not a person who loves traveling.
저는 여행을 좋아하지 않는 편이에요.

I'm looking forward to the Marvel movies that are coming out soon.
곧 개봉할 마블 영화들이 기대돼.

e.g.

I wish you could have been here with us.
네가 여기에 우리와 함께 있었으면 좋았을 텐데.

If I had known what it was about, I wouldn't have started it in the first place. 그게 무엇에 관한 건지 알았더라면, 애초에 시작하지도 않았을 거야.

| 차례 |

PART 1

한국에서 나고 자라도
영어 회화를 유창하게 할 수 있어요

chapter 01) 저는 영어가 꼴도 보기 싫었어요

chapter 02) 영어에 대한 오해 타파!

PART 2

헤이민지 영어 혼공 하드 털이
: 제 노하우를 탈탈 털어 공개합니다

PART 1

한국에서 나고 자라도
영어 회화를 유창하게
할 수 있어요

chapter 01

저는 영어가
꼴도 보기 싫었어요

제대로 배우는 데 거창하고 교양 있는 전통이나 돈은 필요없다.
자신을 개선하고자 하는 열망이 있는 사람들이 필요할 뿐이다.

You don't need fancy highbrow traditions or money to really learn.
You just need people with the desire to better themselves.

애덤 쿠퍼 Adam Cooper, 전설적인 무용수

어렸을 때 외국에서 살았냐고요?

영어 회화를 연습하려고 영어로 말하는 영상을 찍다 보니, 어느새 영어 유튜버가 되었습니다. 영어 유튜버분은 대부분 영어 전공자이거나, 통역사이거나, 교포 출신이거나, 외국에서 살고 계십니다. 그래서 저 또한 "어느 대학에서 영어를 전공하셨어요?", "유학하신 적 있어요?", "어릴 때 외국에서 산 적 있으세요?" 하는 질문들을 종종 구독자분들에게 받습니다.

지금도 계속 공부하는 한 명의 영어 학습자인 제가 이와 같은 질문을 받다니 정말 감사한 일입니다. 그만큼 제 영어 실력을 좋게 평가해 주시는 거니까요. 그러나 저는 어릴 때 외국에서 산 적이 없고, 영어를 전공하지도 않았답니다.

저는 한국 토박이입니다

저는 지방 도시에서 태어나고 자란 한국 토박이입니다. 학생일 때만 해도 저는 영어 문법 중심의 입시 수업을 받았고, 입시에서 영어 회화는 중요하지 않았어요. 때문에 '원어민 선생님'은 꿈도 못 꿀 단어였지요. 사실 저는 제 인생에 '영어', '해외'라는 두 단어는 당연히 없을 줄 알았습니다. 스무 살이 될 때까지 외국인을 본 적도 없으니 말 다 했죠.

그런 제가 대학에 가서 처음으로 외국인과 영어로 대화를 나눈 날, 느낀 그 좌절이란! '아무래도 영어는 포기해야겠다'라고 생각했고, 그 기억이 아직도 생생합니다.

저는 공대를 나온 공학사입니다

제가 공학을 전공했다고 하면 '언어'와 너무 동떨어진 전공이라 많은 분이 놀라십니다. 영어 유튜버이니 으레 영어를 전공했으려니 생각하셨을 텐데, 저는 공대를 나온 공학사입니다.

'외국어를 잘하려면 모국어를 잘해야 한다'라는 말을 들어 보셨을 거예요. 언어는 서로 연결되어 있기에 모국어를 잘하는 사람이 외국어도 잘한다고 합니다. 그러나 저는 학창 시절에 국어 수업을 아주 싫어했어요. 좋게 말해 '싫어했다'지 성적도 좋지 않았죠. 문제를 풀려고 지문을 읽기는 해도 도통 무슨 소리인지 이해하기 힘들 때가 많았어요.

그때부터 저는 '문과는 내 길이 아니다'라는 확고한 생각을 품게 되었습니다. 그 길로 이과로 진학해 미적분을 열심히 공부했고, 저는 공대에 입학했습니다.

공대에 들어간 후에는 교양 과목으로 듣는 영어 수업 외에 영어를 접할 일이 없었습니다. 그리고 그때 교양 영어마저도 입시 영어처럼 여전히 영어 문법 위주의 수업이라 영어에 흥미가 생기지 않았습니다.

캐나다 여름 방학 단기 프로그램 도전?

공대 입학 후 1학년을 별 하는 일 없이 보내나 싶었는데 어느 날 친구가 잔뜩 흥분해서 이야기하는 거예요. 학교 게시판에서 캐나다 단기 교환 학생 프로그램 모집 글을 봤다고요. 7월 한 달 동안의 '여름 방학 단기 프로그램'이었는데, 다녀오면 3학점을 인정해 주는 혜택까지 있어 매우 좋은 기회였지요.

19년 + α를 살면서 제가 해외를 가 볼 수 있다고 생각한 적이 없던 저는 심드렁하게 반응했습니다. "신청해 봤자 떨어질 게 뻔

한데 뭐하러!"라고 했던 거 같아요.

그렇게 그 일은 지나가나 싶었습니다. 그런데 신청 마감일이 가까워지자 친하게 지내던 또 다른 친구까지 권유하더라고요.

"신청 한번 해 보자. 우리가 될 수도 있잖아!"

'영어', '해외'에 관심도 없는 저에게 이런 제안이라니 정말 뜬금없지요? 사실, 오해로 생긴 일이었어요.

제가 초등학생 때 영화 「타이타닉(Titanic)」의 주제곡인 'My heart will go on'이 한참 유행했습니다. 당시 저는 이 노래를 너무 부르고 싶었어요. 그래서 영어 학원에 다녔는데 학원 수업은 제가 생각한 바와 너무 달랐습니다. 저는 그저 팝송을 부르고 싶었을 뿐인데 어찌나 문법만 지겹도록 배우는 건지…….

결국, 영어 학원을 그만두었습니다. 그리고 집에서 'My heart will go on'을 들으면서 소리 나는 대로 한국어로 받아 적었습니다.

Near, far, wherever you are
[니일~, (f)파~, 웨얼에~버 유아~]
가까이서든, 멀리서든, 당신이 있는 곳 어디든지
I believe that the heart does go on
[알~ 빌립 댓츠 더하앗더즈 고오~ㄴ]
난 사랑이 계속 된다고 믿어요

「My heart will go on」 중에서

어떤 알파벳이 어떤 음을 내는지 정확히 몰라서 정말 들리는 대로 적었어요. 그래도 F와 P, R과 L의 발음 차이는 어렴풋이 알았기에 F 발음이 나는 'ㅍ', R 발음이 나는 'ㄹ' 앞이나 뒤에 알파벳을 함께 적기도 했습니다. 아는 영어 단어가 많지 않아서 한국어로 가사를 적을 수밖에 없었지만 팝송을 즐기는 데는 전혀 문제가 없었습니다. 그 계기로 좋아하는 팝송이 생길 때마다 들리는 대로 한국어로 노래 가사를 쓰고 따라 불렀지요. 그 일을 반복하다 보니 영어 발음도 좋아지는 것 같았습니다. 그래서 학창시절에는 영어 발음이 좋다는 소리를 듣곤 했어요(지금 생각해 보면 그 당시 R 발음을 열심히 굴리다 보니 좀 할 줄 안다고 착각했을 뿐, 썩 좋은 발음은 아니었습니다).

어쨌든, 이 오해로 말미암아 친구들은 제가 영어를 잘하니(?), 교환 학생도 같이 가자고 신청 제안을 한 겁니다. 그리고 '밑져야 본전'이라는 두 친구의 권유로 저는 신청서를 제출했습니다.

그러나 세상이 어디 그리 호락호락할까요? 프로그램에 합격하려면 토익 시험 성적을 제출하고 영어 인터뷰도 통과해야 했습니다. 시험이야 열심히 공부해 그럭저럭 합격선에 든다고 해도, 영어로 한마디도 해 본 적 없는 제가 영어 인터뷰라니요!

1학년 신청자 대부분에게 토익 시험 성적이 없었기에, 저 포함 많은 학생이 학교에서 개최한 영어 시험에 응시했습니다. 그 시험을 위해 저는 학창 시절에 하던 대로 영어 문법을 공부했고 단어를 열심히 외웠습니다. 그렇게 열심히 준비해서 시험도 보았는데 영어 인터뷰 당일까지 시험 성적을 공개해 주지 않아서, 제가 합격권인지 아닌지 알 수 없었습니다. 그래서 인터뷰를 정말 잘 봐야 한다고 생각했습니다.

하지만 인터뷰 날짜가 다가올수록 정말 도망치고 싶었습니다. 한국어로 인터뷰한다고 생각해도 심장이 두근대는데, 무려 영어 인터뷰라니! 고민 끝에 '그래, 말(speaking)이 안 되면 그냥 외우자!'라는 생각에 도달했습니다.

우선 영어 인터뷰에서는 주로 어떤 질문을 하는지 인터넷에서 열심히 검색했습니다. 자기소개부터 시작해서 왜 이 기회를 얻고 싶은지 등등. 며칠이 걸려 예상 답변을 준비했지요.

사전을 이용해 짧은 문장은 만들어 보고, 인터넷에서 제가 원하는 예문을 발견하면 따로 정리했어요. 당시 복사, 붙여 넣기를 참 열심히 했던 거 같아요. 그 작업을 끝낸 후에는 준비한 문장들을 달달 외웠습니다. 정말 말 그대로 달달 외웠어요. 질문을 받는 순간 바로 입에서 나올 수 있을 정도로요.

인터뷰 당일, 저는 조마조마한 심정을 안은 채, 교수님과 마주했습니다. 첫 번째 질문은 누구나 예상할 수 있는 그 질문이었습니다.

'Introduce yourself(자기소개를 하세요)!'

익히 짐작했기에 저는 외운 답변을 막힘 없이 쭉 말했습니다. 비교적 들어 줄 만한 발음으로 버벅거리지 않고 말을 이어 나갔지요. 그러자 한 교수님이 어디서 영어를 배웠는지 물어보셨어요. 그 질문이 상당히 긍정적인 신호로 들렸습니다. 저는 얼굴에 한껏 미소를 띠며 당당히 "I learned English in high school(저는 고등학교에서 영어를 배웠습니다)."이라고 대답했습니다.

지금 생각하면 참 당돌한 대답이었어요. 하지만 예상하지 못한 질문이라 답변을 준비하지 못했기에, 그 당시 제 영어 실력으로 할 수 있는 말을 최선을 다해 내뱉었을 뿐이었습니다.

첫 질문을 수월히 통과하자 당연히 자신감도 붙었습니다. 그 이후에 받은 질문들이 무엇이었는지 다 기억나지는 않지만 미리 답변을 준비했던 질문들이었습니다. 저는 달달 외운 답변으로 바로바로 대답할 수 있었습니다. 운이 기가 막히게 좋았지요.

얼마 후 저는 합격 통보를 받았습니다. 비록 한 달짜리 짧은 프로그램이었지만, '내 인생 첫 해외 경험!'이었지요. '내 인생에 영어는 없다', '해외 경험은 없을 거다'라고 생각했는데 이런 기회가 오다니요. 가기 전까지 잔뜩 들뜬 저는 충만한 자신감으로 '영어, 그거 별거 아니네!'라는 생각까지 했어요. 그리고 이것이 엄청난 착각이었음을 머지않아 저는 깨닫게 되었습니다.

해외에 가 봤다고 영어를 잘하는 건 아니에요

꼼수로 인터뷰는 통과했지만, 실제 외국에 나가 현지인과 대화를 하면서 저는 제 영어 실력의 민낯과 마주했습니다. 캐나다 땅을 밟은 그 순간부터 대화 자체가 되지 않았어요. '대화'란 모름지기 소통인데 상대의 말을 이해하지 못하니 도통 대화가 이어지지 않았습니다. 식당에 가든, 마트에 가든, 뭐 하나 사는 것도 스트레스였어요. 그래서 교환 학생으로 함께 간 친구들 뒤에 숨어 영어는 거의 쓰지 않았습니다. 한 달 동안 영어 때문에 얼마나 스트레스를 받았는지 몰라요. 아직도 기억나네요, 첫날 카페테리아에서 주문도 하지 못했던 처참하고 참담했던 기분이. 그렇게 한 달간의 경험으로 저는 영어에 정을 뗐습니다. 제가 얼마나 영어를 못하는지 마주하고 나니 영어가 너무 싫어졌어요.

하지만 주변 사람들은 '학교에서 해외도 보내 줬으니 영어를 잘할 것이다'라는 선입견으로 저를 바라봤습니다. 당시 해외 경험은 흔한 일이 아니었기에, 비록 한 달뿐이었어도 "외국물 먹고 왔으니 영어 좀 해 봐"라고 말하는 분도 계셨어요. 그게 얼마나 스트레스였는지 그 좋아하던 팝송 부르기도 뚝 끊었습니다. 영어 자체가 듣기도 보기도 싫어진 저는 그렇게 자발적 영포자(영어 포기자)가 되었습니다.

사실 대학에 다니며 필수 교양인 '영어 II'는 해야 했지만 그 이

후 저는 쭉 영어를 볼 일이 없었습니다(공대생이니까요). 그런데 많은 친구가 졸업 전에 돌연 휴학을 하고 필수 코스처럼 외국에 다녀오더군요. 왠지 저도 다녀와야 할 듯한 조바심이 들었습니다. 그제야 영어를 조금씩 다시 보게 되었습니다. 그리고 휴학 후, 한 번 가 봤다고 조금 익숙했던 캐나다에도 다시 갔다 왔습니다. 그게 1학년 때의 단기 교환 학생 1달 경험 이후 4년 만이었어요.

캐나다에서 저는 여전히 한국인과 어울렸던지라 반 농담으로 "나는 캐나다에서 한국어를 배워 왔다"라고 하며 영어 실력에 아쉬움을 표현했지만, 그 시절은 정말 즐거웠습니다. 대학 졸업을 앞두고 익숙한 곳을 떠나 다양한 관점을 배울 수 있는 기회였고, 인생을 깊이 생각해 본 값진 시간이었습니다. 하지만 **누군가가 해외 경험이 영어 실력 향상에 도움이 되었냐고 묻는다면, 저는 "No!"라고 말할 겁니다.**

혹시 캐나다에 다녀온 경험 이후 제 영어 실력이 궁금하다고요? 예전 음성 파일을 찾아보니 2011년도 기록이 남아 있어 들려드립니다. 지금과 사뭇 다른 저의 영어 실력을 확인할 수 있습니다. 외국에 다녀왔다고 해서 영어 실력이 일취월장하지는 않는답니다.

• 해외 나갔다 왔다고 영어를 잘하는 건 아닙니다
  QR 코드 : https://youtu.be/_7AlD0dutPU?t=198

'영어 못하는 나'
VS.
'영어 잘할 것 같은 나'

대학을 졸업한 뒤로 저는 딱히 영어 공부를 하지 않았습니다. 정확히 말하면 할 일이 없었지요. 전공이 IT 쪽이니, 영어를 써야 하는 외국계 회사를 다니는 게 아니라면 영어를 공부할 필요가 없었습니다.

다만 마음 한편에 계속 응어리진 게 있었습니다. 그건 바로 '영어 못하는 나'였습니다. 영어를 더는 쓸 일이 없어서 굳이 공부할 필요가 없었는데도, 당시 저는 여전히 주변 시선을 많이 의식했습니다. 사람들은 제가 캐나다를 두 번이나 가 봤으니 영어를 당연히 잘할 거로 여겼습니다. 하지만 제 실력이 그 기대를 따라가지 못해, 남들 앞에서 영어 단어라도 말하는 상황이 오면 창피해서 심장이 마구 뛰었습니다. '문법 세대이니 시대를 탓하자'라고 할 수는 없잖아요.

영어는 시험 과목이 아닌 소통을 위한 언어

다시 영어 공부를 해 봐야겠다고 생각했을 때, 실수 없이 완벽하게 말해야 한다는 강박 관념 때문인지 영어가 입에서 쉽사리 나오지 않았습니다. 그때 문득 한 경험이 떠올랐습니다.

예전에 저는 코스타리카로 봉사 활동을 다녀온 적이 있습니다. 함께 간 언니, 오빠는 다들 영어를 잘했기에 제가 나서서 현지인과 대화할 일은 없었습니다. 하지만 오가면서 서로 마주칠 때가 생기면 한두 마디 이야기를 나누기도 했습니다. 스페인어가 모국어인 그분들과 떠듬떠듬 말도 안 되는 영어로 대화했지만, 서로 대화 내용을 이해하고 웃을 수 있어서 기뻤습니다. 저는 이 2주 동안의 경험으로 영어에 조금 호감이 생겼습니다. 서로 언어가 다르고, 문화가 달라도, 비록 완벽하지 않은 영어일지라도 각자의 생각과 의견을 공유할 수 있다는 사실이 얼마나 매력적이던지요. 이때, 영어는 '점수를 받아야 하는 과목'이 아니라 사람들과 '소통하는 언어'라는 점을 깨달았습니다.

'잘한다, 못한다'라는 평가가 있는 상황(특히 학교, 사람들의 기대)에 처했을 때는 영어가 스트레스였지만, 봉사 활동 현장에서 영어는 사람들과 마음을 나누는 의사소통 수단일 뿐이었습니다. 영어는 소통하기 위한 언어이기에 우리의 생각만큼 복잡하고 어려운 것이 아닐지도 모르겠습니다. 그래서 저는 '말할 수 있는 영어를 공부해 보자'라고 생각하며 당장 할 수 있는 것부터 실행했습니다.

유튜브로 영어와 친해져 보자

그 첫 단추는 유튜브를 활용해 영어로 말하기 연습을 하는 것이었습니다. 그리고 저는 유튜브에 '영어로 일기 올리기'를 시작했습니다.

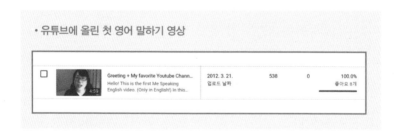

• 유튜브에 올린 첫 영어 말하기 영상

제 첫 영어 말하기 영상은 2012년 3월 21일에 업로드됐습니다. '비공개'가 아니라 '공개' 상태로 유튜브에 올렸고, 이 영상은 비공개로 전환하기 전까지 조회 수 538회를 기록합니다. 이때는 채널 명이 '헤이민지 heyMinji'도 아니었어요.

제가 유튜브를 시작한 계기는 단순합니다. 영어 말하기를 연습할 뭔가가 필요했어요. '그런데 뭐하러 굳이 공개로?'라고 생각하실 수도 있습니다. 그러나 저는 꼭 '공개' 상태여야만 했어요.

여러분은 영어로 말할 때 뭐가 가장 두려우신가요? 저는 실수하는 게 가장 무서웠어요. 내가 영어를 틀리게 말하면 '상대방이 내 영어 실력을 어떻게 생각할까?' 하는 걱정부터 들고 너무 창피했습니다. 그 때문에 말을 할 때 문법에 맞는 문장이 아니면 내뱉으려 하지도 않았고, 제대로 말했다고 생각했는데 막상 말을 끝내면 '아, 아까 내가 실수한 데가 있었구나!'라고 깨닫곤 했지요. 그럴 때마다 내가 영어에 서툴다는 사실을 상대에게 들킨 듯해 얼굴이 붉어졌습니다.

'이런 내가 영어를 잘하려면 어떻게 해야 할까? 어떤 방법이 가장 좋을까?'

궁리 끝에 내린 결론은 '실수해도 괜찮다', '완벽하지 않아도 괜찮다'라는 마음가짐을 갖는 것이었습니다. 실수를 두려워하지 않고 말을 많이 내뱉는 게 가장 좋은 방법이라고 생각했습니다. 그래서 유튜브에 공개로 영상을 찍어 올리는 방법을 택했습니다.

인터넷에 영상을 올리면 다양한 사람이 봅니다. 이미 영상이 공개되었으니, 제가 비공개로 전환하거나 삭제하지 않는 한 계속 사람들이 볼 수 있지요. 영상 속에서 틀린 영어를 말해도 일단 올리는 게 목적이었습니다. 이미 공개로 인터넷에 올렸으니, 제가 실수를 했어도 할 수 있는 일은 없잖아요(물론 비공개 전환과 삭제를 할 수 있지만).

'내 실수를 많은 사람이 볼 수도 있지만, 괜찮아.'

저는 이렇게 마음을 다졌고, 이 마음으로 계속 영상을 올렸습니다. 그러다 보니 지금까지 유튜브 채널을 운영해 오고 있습니다.

현재 제 채널의 공개 영상은 100개가 조금 넘습니다. 그러나 사실 300여 개의 영상이 있습니다. 지금은 모두 비공개로 돌려서 여러분은 보실 수 없지만 제가 300여 번의 두려움을 이겨 냈음을 밝힙니다.

실수는 나쁜 일이 아닙니다. 사람이 로봇도 아닌데 어떻게 실수를 하지 않을 수 있겠어요. 그렇게 저는 취미처럼 영어로 소소한 일상 공유를 계속했습니다. 그 일상이 차곡차곡 쌓이다 보니 저는 영어 문장을 말할 때 실수가 생기는 일이 조금씩 덜 두려워졌습니다. 또한, 화면 속에 영어로 떠들고 있는 제가 그렇게 낯설지도 않아졌습니다.

물론 하고 싶은 말을 긴 문장으로 바로바로 말하기는 힘들었습니다. 어떤 주제로 이야기할지 미리 어휘를 검색해 봐야 했지만,

'이 정도면 됐다'라고 생각했습니다. 진지하게 영어 공부에 매진하지는 않았지만, 소소한 일상을 영어로 이야기하는 유튜브 채널 운영은 영어와 꽤 친해지는 계기가 되었습니다.

혼자 영어 공부하는 방법을 찾아라

유튜브를 시작한 지 2년이 지났을 무렵, 저는 번아웃(burnout)으로 길지 않은 회사 생활을 정리했습니다. 일을 그만두니 할 일이 없었습니다. 당장 구직 활동을 하거나 바로 일하기는 죽기보다 싫었고요. 그 참에 어중간한 영어 회화 실력도 향상해 보고 싶었습니다.

하지만 퇴사하고 영어 공부하던 당시 제가 얼마나 눈칫밥을 많이 먹었을지 가히 상상이 가시나요? 부모님의 따가운 눈초리 속에서 통장이 텅장이 될 때까지, 혼자 영어 공부하는 방법을 찾고, 이것저것 시도해 보았습니다. 영어 공부 때문에 퇴사하지는 않았지만, 한 번 제대로 공부를 시작하니 영어를 잘하고 싶다는 욕심에 공부에 몰입하게 되었습니다.

지금은 티스토리 블로그를 운영하지만, 당시 저는 네이버 블로그를 운영하며 영어 공부를 했습니다. 네이버 블로그를 통해 영어 공부 콘텐츠를 올리는 분들과 이웃을 맺어 소통했지요. 그러던 어느 날 친한 이웃 중 한 분이 자신이 시작하는 영어 회화 스터디에 참여해 보라고 했습니다. 제가 유튜브에 영어 영상을 올리는 것을 아는 분이었지요. 그런 탓에 저는 그분의 제안이 부담스러웠습니다.

영상 촬영은 혼자 하는 일이니 상대방의 말에 적절히 대응할 필요가 없지만, 대화는 양방향으로 이루어지잖아요. '괜히 참여했다가 한마디도 하지 못하고 끝나면 어쩌지?' 하는 생각이 스멀스멀 올라오더라고요. 영어 말하기를 두려워하는 마음이 많이 사라졌다고 생각했는데, 막상 영어로 소통할 일이 생기니 또 부담스러워졌습니다. 카메라 렌즈가 아닌 다른 누군가의 눈을 보며 영어로 대화를 하려니, 겁부터 덜컥 났습니다. 아무리 온라인 진행이라고 하지만, 함께 참여하는 분들이 미국에 거주하시는지라 고민이 많이 되더군요. 하지만 그냥 해 버렸습니다.

참여하는 동안 최대한 적극적으로 임하려고 했습니다. 제가 말한 영어 문장이 틀리든 말든, 제가 준비한 말은 다 내뱉는 게 목표였어요. 애초에 목표 지점 없이 '그냥 하자'라는 마음으로 영어 공부를 시작했지만, 욕심이 생기는 만큼 시간을 쏟아 공부하고 공부한 표현은 다 내뱉어 보려고 했습니다.

한 주에 딱 한 시간 참여하는 스터디지만, 그 한 시간만이 전부가 아닙니다. 주어진 숙제도 해야 하고, 스터디 세션을 위해 발표자료도 준비해야 합니다. 그만큼 자신이 시간 투자를 하지 않으면 영어 실력이 향상되지 않습니다. 그 준비를 위해 공부하니 한 주가 바쁘게 후딱 가더군요.

스터디 날에는 긴장을 너무 많이 해서 체하기 일쑤였습니다. 그래서 결국 스터디 참여 날에는 아예 저녁 식사도 걸렀습니다. 제가 스트레스를 받아 가면서까지 스터디를 지속한 이유는 무엇이었을까요? 그것은 제가 공부하는 만큼 보상을 받았기 때문입니다. 뭔가를 딱히 목표 없이 시작했다고 하더라도 좋은 결과가 조금씩 나온다면 더 하고 싶어지는 게 사람의 심리 아니겠어요? 시간이 갈수록 그 노력은 점점 더 좋은 결과를 가져다주었습니다.

지금까지 저는 다양한 영어 공부 방법을 시도했고, 그 덕분에 어떤 방법이 도움이 되는지도 터득했습니다. 영어 회화 실력이 향상되는 기쁨도 함께 따라왔지요.

세상에 쓸모없는 짓은 없다

퇴사 후, 영어 공부만 하고 있는 저에게 주변 분들은 "해외 취업이라도 할 거야?"라고 자주 물었습니다.

구체적으로 '영어 공부해서 해외 취업하자' 혹은 '영어 공부해서 밥벌이하자' 같은 생각으로 영어 공부를 하지는 않았지만, '공부해 두면 언젠가 써먹을 날도 오겠지'라는 생각은 분명히 했습니다.

이 생각은 바로 스티브 잡스가 스탠퍼드 대학교에서 했던 졸업

축사에서 얻었습니다. 제가 제일 좋아하는 축사의 한 대목인, 첫 번째 스토리(Connecting the Dots)에서 그는 이렇게 말합니다.

If I had never dropped out, I would have never dropped in on this calligraphy class, and personal computers might not have the wonderful typography that they do. Of course it was impossible to connect the dots looking forward when I was in college. But it was very, very clear looking backwards ten years later. Again, **you can't connect the dots looking forward. You can only connect them looking backwards. So you have to trust that the dots will somehow connect in your future.** You have to trust in something—your gut, destiny, life, karma, whatever. **This approach has never let me down, and it has made all the difference in my life.**

제가 중퇴하지 않았더라면, 그 캘리그래피 수업을 듣지 않았을 것이고, 모든 PC에는 지금처럼 멋진 타이포그래피도 없었을 겁니다. 물론 제가 대학을 다닐 때는 이 일을(점들을) 이렇게 앞날을 생각하며 연결지을 수 없었습니다. 하지만 10년이 지난 후에 그것은 아주 명확했습니다. 다시 말하지만, 미래를 보면서 점을 이을 수는 없습니다. 그 점들은 오로지 지난 과거를 돌이켜 보면서 연결할 수 있지요. 그러니 여러분의 경험이 (점들이) 미래에 어떤 방식으로든 서로 연결되리라는 믿음을 가지기 바랍니다. 자신의 직감, 운명, 인생, 업보, 무엇이든 믿으십시오. 이 접근법은 저를 한 번도 실망시키지 않았으며, 제 삶의 모든 변화를 만들어 냈습니다.

그 시절, 뭐 하고 지내냐는 질문도 받기 싫어서 친구들도 안 만나고 영어 공부만 하던 저는 '언젠가는 이 지식도 쓰이겠지(Connecting the Dots)'라고 생각했습니다. 스티브 잡스의 연설을 보지 않았더라면 아마도 저는 이런 생각을 하지 못했을 겁니다. 그리고 스티브 잡스의 말처럼 혼자 영어 공부한 경험이 이어져, 영어 전공자도 아닌 제가 영어 학습자분들에게 정보를 드리는 유튜버로 활동할지도, 훗날 영어 사업을 시작할지도 전혀 몰랐고요.

게다가 저는 20대 초반만 해도 성우가 꿈이었습니다. 어린 시절, 팝송만큼 애니메이션도 좋아한 저는 성우가 되고 싶었습니다. 그래서 성우가 되기 위해 애니메이션을 보며 목소리와 연기를 따라 하곤 했는데요. 그 일이 영어 섀도잉에 도움이 될 줄도 몰랐습니다. 성우가 되길 포기하고 꿈이 좌절되었을 때 그간 쏟았던 시간이 쓸모없어졌다고 여겼는데 말이지요.

그래서 제 삶의 모토는 '세상에 쓸모없는 짓은 없다'입니다. 지인들에게 쓸모없는 짓이라고 평가받던 일들로 저는 지금 제 삶을 살아가고 있습니다. 저는 취미도, 하고 싶은 것도 많아서 이것저것 하나씩 시도해 보고 있습니다.

지금 당장은 필요 없는 것처럼 보여도 먼 훗날 이 점들이 모여 제 삶을 이어 주는 굵직한 선이 되리라 믿습니다. 그러니 '지금 당장 써먹을 일도 없는 영어, 왜 열심히 공부해야 해?'라고 생각하신다면, 저는 이 말씀을 드리고 싶습니다.

세상 어디에도 쓸모없는 짓은 없습니다. 지금의 경험이 훗날 여러분의 인생에도 도움이 될 거예요. 영어가 제 삶에 찾아와 준 것처럼 말이지요.

어떻게 하면
영어 회화 실력이 빨리 늘까?

외국어 공부는 책상 앞에 얼마나 앉아 있느냐에 따라 실력 향상이 된다고 하지요. 그만큼 시간 투자가 필요하다는 이야기입니다. 이와 더불어 중요한 것은 적극성을 띤 능동적인 학습을 해야 한다는 점입니다.

가장 중요한 점은 내가 하는 것

영어 수업을 듣든, 스터디에 참여하든, 영어 실력 향상을 도모한다면 영어 공부를 향한 적극성과 능동성이 가장 중요합니다.

이해하기 쉽게 다이어트를 예로 들어 볼까요? 많은 다이어트 성공자를 배출한 유명 필라테스 강사가 있습니다. 그래서 그 수업을 신청했는데, 힘들어서 띄엄띄엄 나가고, 동작이 어려워서 대충대충 하고, 모임 약속이 있어서 수업에 빠졌다고 해 보죠.

저는 이러면 100% 다이어트에 실패한다고 생각합니다. 영어도 그렇습니다. 공부하기 귀찮아서 띄엄띄엄 공부하고, 어려워서 대충대충 하고, 모임 약속이 있어서 공부하다가 말고.

최선을 다하지 않은 영어 공부는 열심히 하지 않은 다이어트와 같습니다. 실패한 다이어트와 마찬가지로 영어 실력도 크게 늘지 않을 겁니다.

아무리 좋은 수업을 들어도, 좋은 자료로 공부해도 여러분이 하지 않으면 말짱 도루묵입니다. 주체도, 핵심도 여러분입니다. 언어 실력은 투자한 시간만큼 늡니다. 남들 다 있다는 토익 성적표도 없었고, 영어로 한마디도 못하던 저도 지금은 하잖아요. 영어 전공자가 아닌 저도 이만큼 하니 여러분도 하실 수 있습니다. '나는 안 돼'라고 생각하기 전에 '내가 얼마나 적극적이고 능동적으로 공부했나'를 생각해 보세요.

그럼 다음 영상을 한 번 봐 주세요!

• 한국에서 나고 자란 나의 영어 회화 실력 변천사
QR 코드 : https://youtu.be/_7AlD0dutPU

이 영상에서 여러분은 어떤 것을 느끼셨나요?

첫 스터디 참여 때의 제 영어 실력과, 스터디를 지속한 1년 뒤의 영어 실력 차이가 크다는 것이 느껴지나요? 저는 스터디를 하며 시간을 투자했을 뿐 아니라 공부한 걸 외우고 입으로 내뱉어 보면서 능동적으로 공부했습니다.

제가 참여하는 스터디에는 적극적이고 능동적으로 공부하는 분이 많습니다. 대개 영어 실력이 눈에 띄게 좋아지거나, 영어 자신감이 높아졌지요. 이런 분들은 스터디 이후에도 영어를 쓸 수 있는 시간을 만들려고 노력합니다. 그러니 당연히 영어 실력이 좋아지고, 자신감도 더 높아질 수밖에요. 그렇다면 그분들은 구체적으로 어떻게 공부했을까요?

영어에 애정을 느낄 수 있는 방법을 찾는다

영어가 빨리 느는 분들을 보면 대체로 영어를 좋아합니다. 뭔가 좋아하는 게 있으면 계속 보고 싶고, 하고 싶지요. 영어도 마찬가지입니다. 영어를 좋아하면 계속 듣고 싶고, 공부하고 싶으니 실력 향상에 도움이 될 수밖에 없습니다.

혹시 지금 영어를 좋아하지 않는다면 이제부터라도 좋아하려고 노력해 보세요. 자신이 좋아하는 분야(영화, 애니메이션, 노래 등)나 연예인 영상으로 시작할 수도 있습니다. 저는 제가 좋아하는 할리우드 배우들의 영화나 인터뷰 영상을 많이 반복해서 보고, 좋아하는 분야의 기사를 자주 찾아 봤습니다.

남들이 공부하라는 매체, 또는 많은 사람이 사용하는 매체로 영어를 공부할 필요는 없습니다. 대표적으로 영어 공부 매체의 시조새, 미드 「프렌즈(Friends)」가 있지요. 저는 시트콤을 싫어해서 한국 시트콤도 안 봅니다. 당연히 미국 시트콤인 「프렌즈」에도 관심이 없었어요. 대신, 좋아했던 범죄 수사물 「CSI」 시리즈로 영어 공부를 했어요.

일단 말하고 본다

앉아서 공부하는 것과 실제 말로 내뱉는 것은 다른 행동입니다. 아무리 열심히 공부했어도 말로 그 표현을 내뱉어 보지 않는다면 그 표현은 본인의 것이 되지 못합니다. 단적인 예로 이런 게 있습니다. 미드를 보는데 다 아는 어휘들로 대화가 이루어집니다. 그러나 자막을 끄고 그 말을 직접 해 보려면 전혀 입 밖으로 나오지 않지요. 이처럼 말로 내뱉는 과정을 거치지 않으면 영어 회화 실력이 늘지 않습니다.

제가 학습자분들에게 가장 많이 드리는 말씀은 바로 이것입니다.

"많이 말해 보세요!"

'공부한 표현은 무조건 말하고 본다'라는 생각으로 자신을 무장하세요! 눈치 보지 말고 많이 말해 보세요. 영어 발화량을 늘리는 겁니다.

제가 했던 것처럼 유튜브에 영어로 말하는 영상을 올리거나 오디오로 녹음하거나 스터디를 해도 좋아요. 거울을 보며 혼잣말하는 것도 효과적인 방법입니다. 영어를 입 밖으로 내뱉는 시간을 많이 만드세요.

'이 표현이 틀리면 어쩌지?', '내가 헛소리를 하는 거면 어쩌지?' 하는 생각은 하지 마세요. 영어로 말할 기회가 생겼는데 주저하다가 한마디도 못 하고 지나가면 자신에게 가장 손해라는 사실을 명심하세요.

공부는 지금보다 더 나은 실력을 갖추기 위해 하는 것이지, 이미 잘하는데 굳이 보여 주려고 하는 게 아니잖아요? 틀리면 좀 어떤가요. 조금씩 고쳐 나가면 되죠.

물론, 영어로 실수하면 안 된다는 부담감을 완전히 떨칠 수는 없습니다. 그러나 그 부담감을 이겨 내고 많이 말하다 보면 영어는 더 이상 두려움의 대상이 아니게 됩니다.

철저히 복습을 한다

'이 표현은 공부도 했고, 말로도 내뱉어 봤으니 이제 다른 표현을 공부해야지.'

혹시 이런 생각을 하지 않았나요? 물론, 새로운 표현을 공부하는 것은 너무나 좋은 일입니다. 다만, 이전에 공부한 것들은 꼭 복습해야 합니다.

에빙하우스(Ebbinghaus)의 '망각 곡선'을 한 번쯤 들어 보신 적 있을 겁니다. 기억을 유지하려는 시도가 없을 때(반복하지 않으면) 시간이 지남에 따라 그 기억은 소실된다고 하지요.

다들 학창 시절에 이 망각 곡선을 이미 경험해 보셨을 거예요. 벼락치기로 공부해서 시험을 치렀더니, 며칠 뒤 공부했던 내용이 하나도 기억나지 않았던 것 말이지요.

영어도 마찬가지입니다. 표현을 암기하고, 말로 한 번 내뱉어 봤다고 끝이 아닙니다. 그 표현이 계속 내 뇌리에 남아 '나의 표현'이 될 때까지 복습해 줘야 합니다. 스터디에 참여하는 분들에게 피드백을 드렸을 때, 첨삭받은 표현을 다음 시간에 내뱉으시는 분은 복습을 철저히 한 것입니다. 이런 학습자는 영어 실력도 빠르게 늡니다.

셀프 피드백을 한다

말로 할 때 귀로 들리는 내 목소리와 녹음해서 듣는 내 목소리는 다릅니다. 그러다 보니 많은 분이 자신의 녹음된 목소리 듣는 걸 몹시 부끄러워합니다. 저도 녹음된 제 목소리를 처음 들었을 때 엄청 당황했습니다. 그래서 대부분 녹음해서 듣는 일을 꺼리지만, 셀프 피드백은 필요합니다. 섀도잉하는 걸 녹음하든, 혼잣말하는 걸 녹음하든, 오디오 다이어리를 녹음하든, 영어 하는 장면을 영상으로 남기든, 꼭 녹음된 자신의 목소리를 들어 보세요. 말로 할 때는 잘못되었는지 몰랐던 부분이 귀에 확 들어옵니다.

발음이 틀렸다 싶을 때는 인터넷 영어 사전에서 그 단어의 발음을 들어 보거나, YouGlish(https://youglish.com)를 통해 원어민은 어떻게 발음하는지 확인해 보세요. 그리고 들리는 대로 발음 연습을 해 보세요. 그 후 또 녹음해 보는 겁니다. 물론 이때도 다시 들어 보는 것을 잊으면 안 됩니다.

녹음해서 들어 보면, 발음뿐 아니라, 말할 때는 틀렸는지 몰랐던 문법이나 표현도 '이 부분은 틀렸네' 하고 귀에 들어옵니다. '이 말은 이렇게 표현하는 게 맞나?' 같은 부분도요. 이때는 인터넷에 검색하든, 책을 찾아보든 해서 따로 내용을 확인하고 정리해야 합니다. 틀린 부분이나 몰랐던 표현을 공부하고, 그 표현을 이용해 나만의 문장을 만들어 외우면 금상첨화입니다.

적극적으로 질문을 한다

질문할 원어민 친구나 튜터가 있다면 적극적으로 질문하세요. 질문할 상대가 없다고요? 그래도 걱정하지 마세요. 우리에게는 구글과 네이버가 있으니까요. 내가 이해되지 않는 부분은 남들도 모르는 일이 많습니다.

네이버나 구글에서 한국어로 검색했을 때 정확한 결과를 얻지 못했다면, 구글에 영어로 검색하는 방법도 있습니다. 전 세계에 영어를 공부하는 사람이 얼마나 많겠어요. 영어로 질문하면 원어민이 답변해 주는 사이트들도 있으니 이를 활용하세요. 내가 질문해 보거나, 찾아보려고 노력한 표현들은 오래 기억에 남습니다.

영어 피드백, 꼭 받아야 하나요?

내가 초급 학습자라면

초급 학습자는 인풋을 하고 그걸 내뱉어 보는 것만으로도 자신감이 높아집니다. 또 영어가 덜 부담스러워집니다. 저처럼 영상을 찍거나 녹음을 하는 것이 부담스럽다면, 거울에 비치는 자신을 상대방이라고 생각하고 혼잣말을 해 보세요. 초급 단계에서는 꼭 누군가에게 피드백을 받을 필요는 없습니다. 물론 받아서 고쳐 나가면 좋겠지만, 그 과정에서 자신감이 떨어지면 결국 영어가 싫어지고 공부는 물 건너갑니다. 공부해서 외운 표현을 지금 막 생각나서 말하는 것처럼 연기해 보세요. 지금은 공부한 것을 써먹어 보는 시간과 자신감이 필요합니다.

내가 중급 이상 학습자라면

영어 실력이 중상급에 가까이 이르면 더 이상 늘지 않고 제자리걸음 하는 듯 느껴지기도 합니다. 이럴 때는 피드백을 한 번 받아 보세요. 다이어트를 하다 보면 정체기가 오듯 영어도 마찬가지입니다. 이때 변화를 주어야 해요. 이 시기에는 하던 말만 반복하기도 합니다. 이미 영어로 말하기가 가능해서 더는 공부를 하지 않거나, 잘못된 표현임에도 그 사실을 모른 채 자주 쓰기도 합니다. 이때 피드백을 제대로 받아서 틀리게 쓰던 표현을 교정받아 보세요. 새로운 것을 배우는 경험도 되지만 공부를 더 할 수 있는 자극제도 됩니다. 저는 1년에 두어 번 원어민 튜터와 대화 시간을 갖습니다. 회화 공부를 쭉 하다 보면 내 영어 실력이 얼마나 향상됐는지, 자주 쓰지만 틀리게 말하는 표현이 없는지 궁금할 때가 있습니다. 제자리걸음만 하는 듯한 기분도 들고요. 그럴 때 튜터와 대화를 나누면 좋은 자극이 됩니다. 어떤 피드백을 받아도 기분이 좋아집니다. 영어를 잘한다는 소리를 들으면 어깨가 으쓱해지고, 내가 잘못 사용하고 있던 표현을 교정받으면 새로운 지식도 쌓을 수 있으니까요.

영어 공부에 도움이 되는 무료 사이트 추천

❶ YouGlish

(https://youglish.com)

사이트에 접속하면, 'Use YouTube to improve your English pronunciation(영어 발음 향상을 위해 유튜브를 사용하세요)'라는 문구가 보입니다. YouGlish는 어떠한 단어를 영어권 사람이 어떻게 발음하는지 확인할 수 있어요. 미국 발음, 영국 발음, 호주 발음을 선택해 확인하고 싶은 영어 단어를 검색해 보세요. 흔히 쓰이는 문장이라면 문장의 발음과 억양도 확인할 수 있어요.

❷ Yarn

(https://getyarn.io)

이 사이트도 YouGlish처럼 특정 문구나 단어를 검색해 볼 수 있는데요. 문구나 단어가 영화나 미드에서 어떻게 쓰이는지 확인할 수 있습니다.

❸ Sentence Checker on TextRanch

(https://textranch.com/sentence-checker)

유사한 두 표현을 비교해서 어떤 것이 더 많이 쓰이는지 보여 주는 사이트입니다.

❹ English StackExchange

(https://english.stackexchange.com)

영어와 관련한 많은 질문을 볼 수 있는 사이트입니다. 내가 학습하다가 모르는 것들은 남들도 학습하면서 모를 때가 많습니다. 질문하고 싶었던 것을 검색해 보세요. 답변을 찾을 수 있답니다. 내가 찾는 내용이 없다면 직접 질문해 보세요. 영어로 써야 해서 영어 작문도 하게 됩니다.

❺ Power Thesaurus

(https://www.powerthesaurus.org/)

유의어 사전입니다. 영어는 똑같은 어휘를 반복해 사용하는 걸 싫어하지요. 그래서 뜻이 같은, 다양한 어휘를 함께 알아 두는 편이 좋습니다. 유의어, 동의어를 찾을 때 활용하세요.

❻ Online Dictionaries

제가 자주 쓰는 영영 사전입니다.

– Longman Dictionary

(https://www.ldoceonline.com)

– Cambridge Dictionary

(https://dictionary.cambridge.org/)

❼ MOOC

MOOC은 'Massive Open Online Course'의 약자로, '대규모 온라인 공개 강의'를 말합니다. 세계 각국 유수 대학의 강의를 무료로 들을 수 있습니다. MOOC 강의는 수강 인원 제한이 없고, 인터넷만 된다면 어디서든 들을 수 있습니다. 기본적으로 강좌는 영어로 진행되고 다양한 언어의 자막을 제공합니다. 다양한 MOOC 웹 사이트가 많으니 구글에 검색해 보세요.

코세라(Coursera)와 에드엑스(edX) 두 사이트 모두 대부분의 강좌를 무료로 청강할 수 있습니다. 다만, 수료증 취득을 위한 강좌를 듣거나 과제 제출을 하려면 소정의 금액을 지불해야 합니다.

– Coursera

(https://www.coursera.org/)

– edX

(https://www.edx.org/)

chapter 02

영어에 대한
오해 타파!

교육의 위대한 목표는 앎이 아니라 행동이다.
The great aim of education is not knowledge but action.

허버트 스펜서 Herbert Spencer, 영국의 철학자

아이만 언어를
빨리 습득하는 게 아니에요

영어 회화를 잘하려면 아이가 모국어 공부하듯이 하라고 합니다. 그렇다면, 아이가 모국어를 익히듯 공부하지 않은 성인은 영어 회화 실력이 좋아지지 않을까요? 그렇지 않습니다. 한국에서 나고 자라도, 성인이 되어서 공부를 시작해도, 아이가 모국어를 익히듯 공부하지 않아도 영어 회화 실력은 향상할 수 있습니다. 다만 그 방법에 차이가 있을 뿐이지요. 성인은 아이에게 없는, 높은 인지력이 있습니다. 이를 활용해 더 빠르고 지혜롭게 외국어를 습득할 수 있습니다.

수천 번, 수만 번 반복할 필요가 없다

외국어 공부를 할 때 반복이 가장 중요하다고 저는 생각합니다. 그렇다고 아기처럼 수천 번, 수만 번씩 반복할 필요는 없습니다. 우리에게 시간은 금이니까요. 물론 기억 회로에 저장될 때까지는 반복해야 하지만, 인지적 사고력이 있는 우리 성인은 수천, 수만 번씩 반복할 필요가 없습니다. 아이는 수많은 노출을 통해 배우지만, 성인은 훨씬 적은 양의 학습으로도 빠르게 외국어를 배울 수 있습니다. 시간을 단축할 수 있지요. 성인은 아이와 달리 아무것도 모르는 상태에서 처음 듣는 단어를 반복하며 언어를 배우지 않습니다. 해석을 할 수 있고, 단어와 표현에 걸맞은 이미지를 머릿속에 그려 볼 수도 있습니다. 이처럼 성인은 외국어 공부를 할 때 인지가 빠를 뿐 아니라 자신에게 맞는 방법을 선택해 공부할 수 있습니다.

공부를 왜 해야 하는지 동기 부여가 가능하다

유튜브를 운영하는 저는 '동기 부여가 되었습니다'라는 코멘트를 정말 좋아합니다. 그리고 이 말을 들을 때 가장 뿌듯합니다. 공부를 하다 보면 나태해지기도 하고, 그냥 하기 싫을 때도 있습니다. 그 시기에 동기 부여가 되는 영상이나 글을 보면 공부하고 싶다는 열의가 문득 불타오르지요. 이렇게 성인은 스스로 동기 부여가 가능합니다. '내가 왜 공부를 해야 하는지'가 비교적 명확하기 때문이지요. 물론 제가 처음 영어 공부를 시작했을 때처럼 목표 없이 하는 분도 종종 계시겠지만, 대부분 뭔가를 목표로 삼아(해외 취업, 승진, 외국계 기업 이직 등) 공부하실 겁니다. 이렇듯 성인에게는 공부를 해야 하는 뚜렷한 동기가 있습니다.

영화 「기생충」이 미국을 휩쓸었을 때, 배우 이정은 씨의 영어 영상을 보신 적 있나요? 당시 저는 대중 앞에서 영어로 스피치를 하고 인터뷰 질문에 영어로 답변하는 이정은 씨가 대단해 보였습니다. 한국 언론에서 이 이야기가 회자되자, 이정은 씨는 '대사를 외우듯 달달 외웠다'라고 말씀하셨지요. 그러나 저는 그게 전부는 아닐 거라 생각했습니다. 스피치를 위해서는 대본을 외우듯 영어 문장을 외웠을지 몰라도, 영어로 답변하는 인터뷰를 보니 영어 공부도 분명 함께 한 듯했습니다. '미국에서 발표해야 한다'라는 동기가 있어서 그랬겠지요. 이처럼 동기는 큰 힘을 실어 줍니다.

반면 아이들은 보통 부모에게 떠밀려 공부하는 예가 많지요. 그만큼 영어에 의욕이 적을 수밖에 없습니다. 영어 공부를 왜 해야 하는지 동기 부여를 할 수 있는 성인은 그만큼 의욕이 높기에 더 나은 학습 방법, 또는 자신에게 맞는 학습 방법을 찾으려고 고군분투합니다. 그만큼 원하는 목표에 도달하기 수월합니다.

짧은 시간 안에 문법을 공부할 수 있다

성인이 영어를 공부할 때 가장 큰 메리트는 이게 아닌가 싶습니다. 문법을 공부할 수 있다는 점이지요. 사람마다 의견이 다른데, 저는 개인적으로 문법 공부는 영어 실력을 높이기 위한 필수 과정이라고 생각합니다. 짧은 문장이나 많이 쓰이는 문장은 문법을 알지 못해도 그냥 외워서 사용하면 됩니다. 하지만 접속사나 관계대명사 같은 것들로 문장이 길어지면 회화로 바로 연결하기가 쉽지 않습니다. 문장이 어떤 구조로 이루어지는지, 왜 그렇게 쓰이는지 알 수 없으니까요. 성인은 훨씬 적은 양의 지혜로운 학습으로도 빠르게 외국어를 배울 수 있다고 말씀드렸습니다. 인지 발달이 충분히 이루어진 성인은 짧은 시간 안에 아이들은 습득할 수 없는 문법 내용을 익힐 수 있습니다.

자신의 흥미를 유발하는 매체를 선택할 수 있다

공부를 지속하려면 재미있어야 합니다. 제가 고등학생일 때는 '성문 영어'라는 교재가 있었습니다(지금도 파는지는 모르겠네요). 그러나 고등학교를 졸업할 때까지 앞의 몇 장만 손때가 묻어 새카맣고 그 이후론 새것과 같은 상태였습니다. 재미가 없는 것을 넘어서 영어에 흥미를 잃게 하는 책이었죠. 그러나 요즘은 유튜브도 있고, 인터넷도 매우 발달해 자신의 관심사를 찾기 수월합니다.

당장 내가 좋아하는 할리우드 배우의 영어 인터뷰 영상을 찾아 보기도 쉽잖아요. 좋아하는 가수의 정보를 영어로 검색하거나 원하는 정보를 영어로 읽으면서 재미있게 공부할 수 있습니다. 우리는 재미가 있는지 없는지도 모르는, 학교나 학원, 부모가 정해 준 매체로 공부하는 아이가 아닙니다.

성인이 영어 회화 실력을 늘리기 좋은 이유

❶ 수천 번, 수만 번 반복할 필요가 없다

❷ 공부를 왜 해야 하는지 동기 부여가 가능하다

❸ 짧은 시간 안에 문법을 공부할 수 있다

❹ 자신의 흥미를 유발하는 매체를 선택할 수 있다

영어는 완벽하게
해야 한다?

원어민과 같은 발음, 원어민과 같은 발화 속도, 원어민이 사용하는 모든 어휘를 구사하려면 어릴 때 유학 또는 이민을 가거나, 어렸을 때부터 외국에 자주 드나들었거나, 영어권 나라에서 태어나는 방법밖에는 없다고 생각합니다.

그렇다면 대상을 한국어로 바꿔서 생각해 볼까요? 한국에서 방송 활동을 하는 외국 방송인을 한 번 떠올려 보세요. 한국인과 같은 발음, 한국인과 같은 발화 속도, 한국인이 사용하는 다양한 어휘를 구사하는 외국인을 저는 거의 본 적이 없습니다(물론 방송인

타일러 씨처럼 한국인 같은 외국인도 있습니다).

여러분 주변에 한국어 잘하는 외국인이나 외국 방송인이 말할 때, 눈 감고 그들이 말하는 한국어를 들어 보세요. 한국인이 아니라는 사실을 바로 눈치챌 수 있습니다.

그런데도 그들이 하는 한국어를 들어 보면 어떤 생각이 드나요? '와, 한국어 엄청나게 잘한다'라는 생각이 들지 않나요? 저는 그분들의 한국어를 들으면 대단하다는 생각밖에 들지 않습니다. 제가 목표로 하는 영어가 딱 그렇습니다. '완벽히 원어민과 같은 영어를 구사하겠다'가 아닙니다. 영어 공부에 최선을 다하겠지만, 영어를 완벽히 구사해야 한다는 생각을 버린 겁니다. 그러면 스트레스도 덜 받고, 영어 실력이 조금씩 늘 때마다 기쁨을 느끼게 됩니다.

한때, 영어 공부에 쏟는 시간에 비해 영어 실력이 늘지 않는 듯해 스트레스를 받았습니다. 공부를 무척 열심히 한 듯한데 실력 향상이 눈에 보이지 않아 좌절했지요. 그때 단비 같은 말을 들었습니다. 바로, "형은 한국말도 잘 못해"입니다.

가수 정재형 씨는 프랑스에서 유학하던 시절, 서툰 프랑스어 때문에 스트레스를 무척 받았다고 합니다. 말을 해도 사람들이 이해하지 못하는 듯해 자꾸 위축되니, 자존감이 바닥을 친 것이지요. 당시 정재형 씨를 보러 프랑스에 온 가수 이적 씨는 언어 때문에 우울해하는 정재형 씨에게 "형은 한국말도 잘 못해"라는 말을 해 줬다고 해요. 이때 정재형 씨는 '아, 내가 프랑스어를 딱히 못하는 게 아니라, 한국말도 잘 못하는구나'라고 깨달았다고 합니다. 그 이후로 완벽하게 말하려는 강박에서 벗어났으며, 그로 인해 마음이 편해지자 사람들과 소통할 때 자신감 있게 프랑스어를 하게 되었다고 하네요.

우연히 이 영상을 본 저는 '모국어인 한국어로도 완벽하게 말하지 못하는데, 영어는 왜 완벽하게 구사해야 한다고 생각했을까?' 하는 마음이 들더군요. 저도 정재형 씨처럼 그 말에 큰 위안을 받았습니다. 그러자 완벽하지 못한 영어 문장을 구사해도, 내 말이 어딘지 모르게 이상해도 이전만큼 스트레스를 받지 않게 되었습니다. 사실, 저는 한국어를 할 때도 막힐 때가 많은걸요. 모르는 영어 단어가 있으면 외우면 되고, 내 발음이 어색하게 느껴진다면 더 연습하면 됩니다.

혹시 '영어가 왜 이렇게 안 늘어?', '왜 나는 이만큼밖에 못하지?' 라는 생각에 스트레스를 받고 있나요? 그렇다면 목표로 하는 영어 구사 능력을 '완벽'에서 '덜 완벽'으로 바꿔 보세요. 평소 한국어로 이야기할 때 우리는 주어를 빼고 말하기도, 틀린 어휘를 사용하기도, 논리적이지 않은 말을 하기도 합니다. 모국어로 말할 때도 이런데 왜 '영어는 완벽하게 해야 한다'라는 생각을 하게 되었을까요?

재미있게 공부하다 보면 실력은 늘기 마련입니다. 재미있어야 오래 하고, 오래 하면 그 시간과 나의 실력이 정비례하게 됩니다. 덜 스트레스 받고 재미있게 공부해요, 우리.

영어 회화 실력을 늘리는 데 필요한 마음가짐

❶ 완벽한 영어를 구사해야 한다는 생각을 버리자
❷ 재미있게 공부하면 실력은 늘기 마련이다

듣기, 읽기, 쓰기, 말하기, 무엇을 해야 영어가 빨리 늘까?

다이어트를 한다고 해 봅시다. 뱃살을 빼고 싶어 윗몸 일으키기만 죽어라 했습니다. 뱃살이 빠질까요, 안 빠질까요? 정답은 '빠지지 않는다'입니다. 복부 근육은 단련할 수 있지만, 지방은 제거하지 못했기 때문이지요. 외국어도 그렇습니다. 한 가지를 죽어라 한다고 해서 실력이 향상되지 않습니다. 저는 듣기, 읽기, 쓰기, 말하기, 이 네 가지를 골고루 공부해야 영어 실력이 는다고 생각해요.

많은 분이 궁금해하는 섀도잉을 예로 들어 볼까요? 섀도잉은 듣기와 말하기를 함께 공부하는 방법입니다. 이때 듣는 것만으로 내용 이해가 어렵다면, 스크립트(transcript) 공부와 함께 섀도잉하는 편이 더 좋습니다. 스크립트를 공부하면 듣기와 말하기에 읽기가 더해지는 거니까요. 스크립트를 먼저 공부하고 섀도잉을 하든, 섀도잉을 먼저 하고 스크립트를 공부하든 상관없습니다. 다만, 스크립트를 보면서(읽으면서) 섀도잉을 하는 건 도움이 안 된다고 생각합니다. 여기서 말하는 공부란, 모르는 단어나 표현을 찾아보고, 예문도 정리해 보는 능동적인 공부를 말합니다. 그냥 읽는 것이 아니에요.

또 다른 예로 원서를 읽을 때 글을 눈으로만 읽기보다 오디오북과 함께 들으면 읽기에 듣기가 더해지니 더 좋겠지요. 여기에 독후감 또는 독서 노트를 영어로 작성하면 쓰기까지 더해집니다.

이렇게 각 파트가 유기적으로 서로 연결되도록 학습해야 영어 실력을 더 빨리 높일 수 있습니다.

백날 말하기만 해서는 늘지 않는다

많은 분이 잘못 알고 있는 사실이 있습니다. 그건 바로 '말하기(output)' 연습만 하면 된다고 생각하는 거예요. 실력에 상관없이 모든 학습자가 입력(input)을 많이 해야 합니다. 능숙한 말하기를 위해 거쳐야 하는 필수 과정이지요. 인풋 없는 아웃풋은 있을 수 없으니까요.

제가 영어 실수의 두려움을 이기기 위해 유튜브에 영상을 올릴 때, 영어 공부를 진지하게 하지는 않았다고 말씀드렸지요. 첫 스터디 때 영어 음성을 들어 보시면, 이미 유튜브에 많은 영상을 올렸음에도 영어를 유창하게 잘하지 못한다는 사실을 알아차리실 거예요.

대체 왜 그럴까요? 당시 저는 아웃풋만 했기 때문입니다. 영상을 찍기 전에 말하고 싶은 어휘나 표현을 검색해 보긴 했어도 인풋이 턱없이 부족했죠. 이전보다 말하는 게 더 나아진 듯 들릴지는 몰라도 표현적인 면에서는 크게 유창해지지 않았습니다. 영어 실력이 멈춰 있을 수밖에 없었지요.

명심하세요! 아는 만큼 말할 수 있고, 들리는 만큼 말할 수 있습니다.

많이 듣고, 읽고, 쓰면서 인풋을 늘리세요('쓰기'도 인풋이 될 수 있습니다). 그리고 그 인풋한 표현을 내뱉어 보세요. 언제나 인풋이 가장 먼저 행해져야 합니다.

공부할 매체의 난도가 중요하다

언어학자 스티븐 크라센(Stephen Krashen) 박사는 '이해할 수 있는 입력(comprehensible input)'이 중요하다고 합니다. 여기서 말하는 '이해할 수 있는 입력'이란, 학습자의 수준을 i라고 했을 때,

이보다 1만큼 난도가 높은 수준(i+1: slightly higher than what learner knows)의 입력을 말합니다. 즉, 학습자의 현재 수준보다 약간 높은 난도의 입력을 제공해야 언어 습득이 최적화된다는 거지요.

예를 들어, 원서를 읽고 있다고 해 볼게요. 원서의 난도가 내 수준보다 훨씬 낮다면, 책을 읽어 봤자 배우는 바가 없을 겁니다. 영어 실력을 향상하는 데 도움이 안 된다는 말과 같습니다.

이번에는 원서의 난도가 무척 높다고 해 보죠. 모르는 단어가 한 페이지에 수두룩하게 나온다고 가정했을 때, 과연 그 책을 읽고 싶을까요? 모르는 단어의 뜻을 찾느라 시간이 다 가서 책에 흥미를 느끼기 쉽지 않을 겁니다. 이처럼 너무 어려운 입력은 언어 습득을 힘들게 할 뿐 아니라 꾸준히 학습하고자 하는 의욕을 떨어뜨립니다. 이는 읽는 매체인 원서뿐 아니라 듣는 매체인 팟캐스트와 영상 매체인 영화, 미드에도 적용됩니다.

내 수준을 한 단계 끌어올리려면, 영어에 흥미를 갖고 지속해서 공부해야 합니다. 그리고 현재 자신의 학습 수준보다 한 단계 높은 매체로 공부하는 게 좋습니다. 아는 선에서 조금씩 새로운 것을 더해 나가는 거지요. 개인적으로 내용의 70~80% 이상을 이해할 수 있는 매체가 가장 좋다고 저는 생각합니다.

혹시 매체가 어려운 수준이라도 자신이 너무 좋아해서 꾸준히 학습할 수 있다면, 좋아하는 매체로 공부해도 괜찮습니다. 제가 「CSI」 시리즈를 보며 영어 공부를 했던 것처럼요. 언어 학습에는 '꾸준히'도 중요하답니다.

듣기, 읽기, 쓰기, 말하기 중 무엇을 어떻게 공부해야 하는가?

❶ 듣기, 읽기, 쓰기, 말하기를 모두 골고루 한다

❷ 지금 내 실력보다 한 단계 높은 수준의 매체로 공부한다

❸ 꾸준한 학습이 가능하다면 자신이 좋아하는 매체를 고르는 것도 좋은 방법이다

암기와 반복은 구시대의 유물이 아니에요. 적어도 언어에서는!

어느 정도 문장을 구성할 줄 알고, 말로 내뱉을 줄 알게 되기 전까지는 암기가 매우 중요합니다. 회화에서 왜 암기가 중요한지 궁금하신가요? 간단한 예를 하나 들어 보죠.

been, have, you, how

자, 위의 단어들을 조합해 '너 그동안 어떻게 지냈어?'라고 묻고 싶습니다. how도 알고, been도 알고, you도 알고, have도 아는 단어입니다. 그러나 막상 입에서 문장이 되어 나오지 않습니다. '어떻게'니까 how가 먼저 나올 거 같기는 한데, '그동안'은 어떻게 말하는지 모르겠고, 거기서 막히니 그다음 말도 당연히 나올 수 없어요.

한동안 보지 못한 친구에게 '너 그동안 어떻게 지냈어?'라고 물을 때는 'How have you been?'이라고 합니다. 이렇듯, 단어 각각의 뜻은 잘 알지만 문장으로 조합해 만들기는 어려울 때가 많습니다. 그리고 대개 그런 문장은 딱 봤을 때 무슨 뜻인지 짐작이 잘 되지 않는 부류에 속합니다. 이럴 때는 문장을 그냥 통째로 외우는 게 답입니다. 입 밖으로 바로 말을 내뱉을 수 있는 가장 빠른 방법이기도 해요.

자신이 어떤 주제에 아무런 정보가 없을 때는 암기를 통해 기초를 다져 주어야 합니다. 암기 후에는 뇌 속에 장기 기억이 되도록 반복해 주어야 하고요.

또 이런 예도 있습니다. 한국어로 생각해 볼게요. 여러분이 주식을 하나도 모른다고 해 봅시다. 그런데 주식 관련 이야기를 해야 해요. 그럼 가장 먼저 뭘 해야 할까요? 바로 주식과 관련된 어휘와 표현을 찾아봐야 합니다. 모국어로도 익숙하지 않은 분야이니 반드시 관련 용어를 공부하고 외워야 합니다. 한국어조차 이런데 기초가 잡혀 있지 않은 상태의 영어는 표현이든 문장이든 더욱 더 열심히 외울 수밖에 없습니다. 집을 튼튼하게 짓기 위해 기초 공사를 해 준다고 생각하세요.

어떤 상황에 말을 못 뱉는 건 그 상황에서 쓰이는 영어 어휘와 표현을 몰라서 그럴 때가 많습니다. 그러니 특정 상황에 어떤 표현이 쓰이는지, 어떤 말들이 쓰이는지 공부하고 암기하는 게 좋습니다. 어휘나 표현을 공부할 때는 그 자체만 암기하기보다는 그 어휘와 표현이 쓰인 문장을 통째로 외우는 편이 더 효과적입니다. 문장째로 외우면 그 표현이 어떻게 쓰이는지 인지하기 쉽고, 그 문장 전체를 말로 내뱉을 수도 있으니까요.

또한 암기만큼 중요한 것이 반복입니다. 앞서 외국어 공부에는 반복이 중요하다고 말씀드렸지요. 팟캐스트를 예로 들어 보겠습니다. 저는 섀도잉을 하려고 고른 팟캐스트의 한 에피소드를 하루 최소 2회, 일주일 정도 반복해서 듣습니다. 그냥 듣기만 하는 게 아니고 섀도잉을 함께 합니다. 즉, 하나의 에피소드를 일주일 동안 최소 14회 반복해 듣습니다.

한국어를 공부하는 쿨립스(Culips) 팟캐스트의 호스트 앤드루(Andrew) 씨는 한국어 매체를 섀도잉할 때 '받아쓰기(딕테이션)'도 함께 한다고 해요. 받아쓰기까지 하면 반복하는 횟수는 더 많아집니다.

짧은 매체는 긴 매체에 비해 잦은 반복이 가능하기에 외워지는 문장들이 생기기도 합니다. 특히 원어민의 억양 그대로요. 물론 무의식 상태에서 앵무새처럼 따라 하기만 하는 게 아니라 집중해서 섀도잉해야 합니다.

• 영어 실력 향상, 반복이 좌우합니다.

QR 코드 : https://globee.tistory.com/468

내 영어 회화 실력이
제자리걸음인 이유

처음에는 내가 가진 어휘, 문장, 패턴들이 없기에 외워서 회화를 이어 나가는 게 맞는다고 생각합니다. 말로 뱉으려면 아는 게 있어야 하니까요. 즉, 충분한 인풋이 있어야 한다는 말입니다. 이렇게 기초 공사를 잘해서 암기한 패턴과 문장이 쌓이면 나중에는 자연스럽게 응용할 수 있는 능력도 생깁니다.

하지만 암기와 반복을 아무리 열심히 해도 영어 회화 실력이 그리 늘지 않는다면 자신의 공부하는 모습을 한번 점검해 보세요. 혹시 회화 공부에 중점을 두기보다 「CNN」이나 「The New York

Times」를 보며 형식적이고 어려운 어휘와 표현만 암기하고 있지 않나요? 미드를 볼 때 모르는 표현을 모두 하나하나 찾아 가며 공부하고 암기하지 않나요?

물론, 공부하지 않는 것보다 많이 알아 두는 편이 좋습니다. 그러나 당장 영어 회화 실력을 늘리고 싶다면, 모르는 걸 무작정 다 외우지 마세요. 대신, 본인이 실제로 쓸 만한 어휘 위주로 공부해 보세요. 즉, 여러분이 말로 하고 싶은 문장을 외우는 겁니다. 모르는 어휘를 검색했을 때 함께 나오는 예문을 외워도 큰 도움이 됩니다. 하지만 회화 실력을 빨리 늘리고 싶다면, 그 어휘와 표현을 가지고 여러분이 실생활에서 바로 써먹을 수 있을 법한 예문을 만들어 그 문장을 외우세요.

예를 들어, get rid of라는 표현을 공부했습니다. get rid of something은 '무언가를 제거하다, 없애다'라는 뜻입니다. 롱맨 사전에는 이런 예문이 나옵니다.

It's time we got rid of all these old toys.
이제 이 낡은 장난감들을 모두 없앨 때다.

이 문장을 그대로 외우면 get rid of가 어떤 식으로 쓰이는지 쉽게 받아들일 수 있습니다. 이렇게 공부해도 좋지만, 장난감이 없는 저는 이 문장을 써먹을 일이 전혀 없습니다. 그러니 내가 직접 말해 볼 수 있는 예문을 만들어 외우는 겁니다. 언젠가 내가 내뱉어 볼 만한 문장을 말이지요. 그럼 그 말을 쓸 수 있는 상황이 생겼을 때 어떻게 말할까 고민하지 않고 바로 말할 수 있습니다. 예를 들어 아래 문장처럼요.

I'm definitely not a minimalist. I can't get rid of things.
나는 확실히 미니멀리스트는 아니야. 뭘 못 버리겠어.

실제로 저는 미니멀리스트가 아닙니다. 뭘 잘 못 버리거든요. 그럼 미니멀리스트를 주제로 이야기를 나눌 때 위와 같은 문장을 써먹어 볼 수 있을 겁니다. 이렇게 자신이 실생활에 말로 내뱉어 볼 수 있는, 자신과 관련된 예문을 만들어 외우고 많이 소리 내어 말해 보세요. 암기한 문장이 많아지면, 그 문장 구조에 특정 어휘만 바꿔서 다양한 문장으로 말할 수 있습니다. 나아가 아는 문장 구조가 많아지니 문장을 더 길게 말할 수 있는 응용력도 생깁니다.

열심히 공부하는데도 영어 회화 실력이 늘지 않는다면, 반드시 점검해 보세요. 실제로 말하지 않을 어휘와 표현, 문장을 암기하고 있지는 않은지 말이에요.

아무리 공부해도 내 영어 회화 실력이 제자리걸음이라면 꼭 점검하라

❶ 아무거나 무작정 외우고 있지는 않은가?

❷ 공부한 어휘와 표현을 이용해 실제로 내가 쓸 문장으로 바꾸어 외우고 있는가?

PART 2

헤이민지 영어 혼공 하드 털이
: 제 노하우를 탈탈 털어
공개합니다

나는 폭풍우를 두려워하지 않는다.
내 배를 항해하는 법을 배우고 있기 때문이다.
I am not afraid of storms,
for I am learning how to sail my ship.

루이자 메이 올컷 Louisa May Alcott, 미국의 소설가

영어를 못하던 시절로
돌아간다면 이것부터 한다

제가 영어 때문에 고군분투하던 시절로 돌아간다면, 저는 무조건 말할 수 있는 영어를 공부할 겁니다. 모르는 표현이라고 해서 무작정 공부하거나 외우지 않을 거예요.

영어 회화 공부를 제대로 하기 전의 저를 떠올려 보면, 영어 활자가 가득한 책을 펴 놓은 채 무작정 암기부터 했습니다. 아는 것이 많은 편이 모르는 것보다는 낫다는 생각에서였죠. 열심히 책에 나온 표현을 공부하고 외우면 당연히 영어가 늘 줄 알았습니다. 제가 학생이었던 때는 회화를 중시하지 않았고, 시험 성적만 좋게 나오면 장땡이었으니까요.

하지만 지금은 영어 회화의 중요성이 많이 강조되고 있지요. 입사 때도, 진급을 하기 위해서도, 영어 말하기 점수(예: 오픽, 토익 스피킹)가 필요할 정도니까요. 요즘은 꼭 해외 취업을 하지 않더라도 국내에서 일하며 영어를 사용하는 빈도도 높아졌습니다. 영어 회화가 이렇게 중요해질 줄 알았더라면, 과거에 더 빨리 다양한 공부 방법을 실천해 봤을 텐데 말입니다.

저는 한국어를 공부하는 외국인 친구들의 한국어 학습을 돕고 있습니다. 한 주에 한 번씩 온라인으로 만나 한국어 학습 자료를 보며 롤 플레잉을 하고 질의 응답 시간도 갖습니다. 이때도 과거, 제가 영어를 공부하던 때와 똑같은 상황을 마주하곤 합니다. 예를 들어 문장을 함께 읽고 공부할 때, 모르는 표현이나 이해가 안 되는 문장이 있냐고 물으면 전혀 없다고 합니다. 하지만 역번역(제가 영어 문장을 말하고 한국어로 말해 보라고 합니다)을 시키면 함께 롤 플레잉을 했던 문장 대부분을 전혀 말하지 못합니다. 읽을 때는 안다고 생각했지만, 이는 문장에 쓰인 어휘가 익숙해져서 안다고 착각했을 뿐입니다. 또는 사용된 표현을 알아도 그것이 문장에서 어떻게 쓰이는지 확실히 모르는 거예요.

영어를 처음 공부하던 때로 돌아간다면, 저는 회화 실력 향상을 위해 꼭 두 가지를 먼저 하라고 저에게 말해 주고 싶습니다.

하나. 내가 영어로 말하고 싶은 것을 공부하라

둘. 바로 말로 내뱉을 수 있도록 문장으로 암기하라

무작정 공부하지 말고 자신이 말하고 싶은 것 위주로 공부하라

저는 회화를 위한 영어 공부를 할 때, 사용하지 않을 듯한 표현은 잘 외우지 않습니다. 모르는 표현이라면 뜻이나 한 번 찾아보고 넘어갈 뿐, '모르니까 외우자'라고 딱히 생각하지 않아요(물론 이는 회화를 위한 영어 공부이기에 그렇습니다. 만약 영어 시험을 준비하고 있다거나 기사·사설을 읽으며 정보를 습득하고 고급 어휘를 확장하고 싶다면, 어휘를 찾아보고 공부해서 많이 알아 두는 편이 좋습니다). 영화로 영어 공부를 할 때도 영화 한 편에 모르는 표현 전부를 암기하지 않습니다. 내가 앞으로 써먹을 것 같은, 내가 말하고 싶은 표현 위주로 공부합니다.

단적인 예로, 여러분이 수사물 미드를 보며 영어 공부를 한다고 해 봅시다. 거기 나오는 과학 수사 용어와 표현을 다 공부했다고 할 때, 실제 대화에서 얼마나 쓸 수 있을까요? 자신이 실생활에서 쓸 표현 위주로 공부하세요. 그것이 시간과 노력을 절약하는 방법입니다.

과거에 저는 모르는 표현은 다 정리하곤 했습니다. 하지만 영어로만 진행하는 스터디에 참여하면서부터 공부 방법을 바꾸었어요. 스터디에서 내가 말하고자 하는 표현과 문장을 정리하고 달 달 외웠습니다. 앞으로 제가 써먹을 표현이니까요. '내가 말하고 싶은 문장'을 계속 외우다 보니 어느새 말할 수 있는 문장이 꽤 많 아졌습니다. 그렇게 영어 공부를 지속하면서 지금의 영어 실력을 갖추게 되었습니다. 진작에 이렇게 공부했더라면 영어 말문이 더 빨리 트였을 거예요. 실제로 영어 스터디에 참여하고 1년 만에 영 어 회화 실력이 눈에 띄게 향상되었으니까요.

표현만 외우지 말고 바로 말할 수 있도록 문장을 암기하라
(안다고 착각하지 않기)

영어로 된 기사나 원서를 읽다 보면 '언젠가 써먹어 보고 싶다' 하 는 표현들이 있습니다. 이는 팟캐스트를 들을 때도 그렇고요. 그 럼 저는 이 표현을 따로 정리해 둡니다. 단, 이때는 표현의 뜻만 정리하는 게 아니라 이 표현이 어떻게 쓰이는지 예문도 함께 적 어 넣습니다. 더 나아가 '내가 이 표현을 어떤 상황에서 말할 수 있 을까'를 생각하며 '내가 말하고 싶은' 예문을 만들기도 합니다. 즉, 표현만 아니라 그 표현이 사용된 문장을 통째로 외우려고 합니다.

말하고 싶은 그 표현만 외워서는 실제 입 밖으로 소리 내기 쉽 지 않습니다. 앞서 말씀드린, 한국어를 공부하는 외국인 친구들 이야기를 생각해 보세요. 공부한 표현을 보면 다 아는 것 같아도 실제 문장으로 내뱉을 수는 없었지요. 표현 하나하나는 알아도 문장에서 그것이 어떻게 쓰이는지를 정확히 모르기에 생기는 일입니다.

예문을 통해 표현이 어떻게 쓰이는지를 확인하고, 바로 써먹을 수 있도록 그 표현이 쓰인 문장을 통째로 암기하는 것. 저는 그것이 영어로 말할 수 있는 문장이 많아지는 지름길이라고 생각합니다.

chapter 01

듣기,
이렇게 해 보실래요?

여러분이 할 수 있는 가장 큰 모험은
바로 여러분이 꿈꿔 오던 삶을 사는 것입니다.
The biggest adventure you can ever take is
to live the life of your dreams.

오프라 윈프리 Oprah Winfrey, 미국의 방송인

듣기가
왜 먼저냐고요?

지금부터는 제가 공부를 어떻게 했는지, 어떤 매체를 이용해 지금
의 실력까지 끌어올렸는지 말씀드리려고 합니다.

영어 회화 공부를 본격적으로 시작했을 때 저는 주로 팟캐스트
를 들으며 표현을 공부하고 외웠습니다. 책을 통해 공부하면 새로
운 표현을 익힐 수는 있지만, 발음과 억양을 파악할 수 없을뿐더
러 공부한 표현이 형식적인지 아닌지 모를 것 같았기 때문입니다.

영어는 내가 아는 만큼, 발음할 수 있는 만큼만 들립니다. 회화
는 내가 공부한 표현을 입 밖으로 내뱉는 최종 과정, 대화입니다.

대화는 혼자 하는 게 아니지요. 상대의 말을 듣고 그에 반응하고 양방향으로 말을 주고받는 겁니다. 내가 공부한 표현을 혼자서 말할 수는 있습니다. 하지만 들리지 않으면 상대의 말에 제대로 된 반응을 할 수가 없습니다. 즉, 들을 수 있는 공부를 하는 게 중요합니다.

똑같은 시간 동안 같은 양의 표현을, A라는 사람은 글로 쓰인 것을 읽으며 외우고 B라는 사람은 원어민이 녹음한 파일을 들으며 외웠다고 해 봅시다. 원어민이 앞에 딱 나타나서 그 표현들로 문장을 만들어 말했을 때, A와 B 중 더 많이 알아들은 사람은 누구일까요? 당연히 B일 겁니다. 표현을 글로만 익힌 것과 들어서 그 표현이 어떤 소리로 나는지 아는 것의 차이는 큽니다.

모든 원어민이 발음 기호대로만 발음하지는 않습니다. 발화 속도가 빠를 때도 있고, 우리가 다 아는 단어의 조합이어도 연음 때문에 안 들리는 일도 많습니다. 그런 말들을 알아들으려면 '듣기'를 통해 표현을 익히고, 어디서 소리를 탈락시키는지, 어떻게 연음을 내는지 등, 들리는 그대로 발음 연습을 하는 것이 좋다고 생각합니다.

이번 챕터에서는 '영어 발음이 중요한가'를 이야기할 거예요. 논란이 많은 주제이기도 하지요. 영어 발음이 중요하다고 하는 사람도 있고, 발음보다 문장 구성력이 중요하다고 하는 사람도 있습니다. 이에 대한 제 생각을 먼저 언급한 뒤 제가 연음 섞인 소리를 듣고 어떻게 발음 연습을 하는지 말씀드릴 거예요.

그다음은 팟캐스트가 무엇인지, 팟캐스트로 어떻게 공부하는지 이야기할 겁니다.

마지막으로 애니메이션 영화를 대하는 세간의 오해를 풀고, 영화나 미드로 영어 공부하는 방법을 말씀드릴 거예요.

비교적 짧은 매체로 자주 반복해 공부하고 싶다면 팟캐스트로, 대화문을 들으며 자연스러운 표현을 공부하고 싶다면 영화나 미드로 공부하길 추천합니다.

발음 연습을 할 때는
듣기에 집중하세요

저는 이렇게 생각합니다. 영어 회화에서 전체적인 억양은 크게 중요하지 않을 수 있으나, 발음은 중요하다고요. 억양이 원어민과 같지 않아도 단어를 틀리게 발음하지 않으면 대화를 할 수 있으니까요.

각 언어에는 그 언어만의 고유 억양이 있습니다. '한국식 억양이 있는 영어', '남미식 억양이 있는 영어', '인도식 억양이 있는 영어' 이런 말을 들어 본 적 있으시죠? 각 언어가 가진 고유의 억양이 영어에 묻어 나는 것이지요.

저는 문장의 억양(출신 지역을 보여 주는 개인 특유의 말투, 어조)이 영어 회화에 큰 영향을 주지 않는다고 생각합니다(그렇다고 해서 완전히 이상한 억양으로 말해도 된다는 게 아닙니다. 한국어 억양이 섞인 영어여도 괜찮다는 말이에요). 비한국인이 자국어 억양이 있는 한국어를 구사해도 우리는 알아듣잖아요. 이처럼, 한국어 억양이 있는 영어를 구사해도 원어민은 알아듣습니다. 그동안 원어민들과 이야기를 나눠 보니, 그들은 제 영어 문장의 억양보다는 단어의 발음으로 제 말을 이해하거나 이해하지 못했습니다. 단어를 제대로 된 발음으로 소리 내는지, 단어의 강세(단어의 억양)를 정확히 주었는지에 따라서 말이에요.

그래서 저는 제 말을 오류 없이 잘 전달하기 위해 발음 연습을 합니다. 물론 원어민 소리의 높낮이를 따라간다면 더 좋겠지요. 그 때문에 문장의 억양을 익히려고 섀도잉하는 것이고요. 외국인임에도 한국인의 억양으로 한국어를 구사하는 타일러 씨를 보면 '한국어가 정말 자연스럽다'라고 느껴지지요. 저는 원어민에게 제 영어가 좀 더 '자연스럽게' 들리기를 원해서 문장의 억양을 익히려고 하는 편입니다.

제 발음 연습 방법을 말씀드리기 전에, 제가 겪은 발음 실수 이야기를 먼저 들려드릴게요. 오래전에 캐나다 친구와 여행에 관해 대화를 나눈 적이 있습니다. 그런데 그 친구가 처음에는

"Trouble?" 하고 묻더니 이내 문맥상 이해가 되었는지 바로 travel 의 발음을 고쳐 주더라고요.

'여행'이라는 단어의 travel은 ['trævl]이라고 발음합니다. 발음 기호 æ는 [애] 소리를 냅니다. 하지만 '문제'라는 뜻의 단어 trouble은 ['trʌbl]로, 발음 기호 ʌ로 [어] 소리를 냅니다. 소리 뒷부분의 v와 b를 떠나서 저는 travel을 trouvel처럼 발음했던 겁니다.

한 번은, 욕하는 것처럼 들리니 발음을 조심하라는 말도 들었습니다. focus ['foʊkəs]의 [oʊ] 발음을 제대로 하지 못해 fuckus처럼 들리게 발음했던 거였어요.

은행에서 당황스러운 일을 겪기도 했습니다. 저는 인출한 돈을 봉투에 넣어 달라고 하고 싶어서 envelope이라는 단어를 썼는데, 직원분이 전혀 이해를 못 하시더라고요. 이 단어를 몇 번이나 말했는지 몰라요. 창피하기도 하고 뒤에 기다리는 줄이 길어 괜찮다고 한 뒤 서둘러 나와서 사전을 찾아봤습니다. 알고 보니 '봉투'를 의미하는 envelope ['envəloʊp]을 '감싸다', '덮다'는 의미의 envelop [ɪn'veləp]으로 발음했던 겁니다. 끝에 달랑 e 하나 있고 없고의 차이인데, 이 두 단어는 발음이 완전히 다르고 강세 위치도 다릅니다. 저는 그것도 모르고 다른 발음을 했던 거였어요.

이런 발음 실수는 상황에 따라 의사소통의 오류를 불러오기도 합니다. 그래서 자신이 흔히 하는 발음 실수가 무엇인지 파악하고 고치는 과정이 필요합니다. 특히나 습관적으로 잘못된 발음을 하고 있다면 더욱요. 원어민과 이야기할 때 상대가 내 말을 못 알아들으면 자괴감에 빠지거나 자신감이 떨어지기도 합니다. 꼭 발음이 이유는 아니겠지만, 가능성을 하나라도 줄이기 위해서 발음 연습은 중요하다고 생각합니다. 저도 영어 고수들과 원어민에게 발음 지적을 받기에 제대로 된 발음을 내려고 노력합니다.

그럼 듣기에 집중한 발음 연습은 어떻게 해야 할까요? 저는 두 단계로 나눠서 합니다.

하나, 연습하고 싶은 단어 발음을 검색해 들어 본다

자, 아래 문장을 한 번 볼까요? 영화 「인턴」으로 공부하는 많은 학습자가 해당 문장을 알아듣는 데 어려움을 겪습니다. 연음으로 굉장히 빨리 발음하기 때문이지요.

You ordered six of the silk chiffon Antoinette dresses in pink.

당신은 분홍색 비단 시폰 앙투아네트 드레스 여섯 벌을 주문하셨습니다.

발음하기 힘든 silk와 chiffon의 정확한 발음을 먼저 확인하세요. 발음 기호를 보며 사전에서 제공하는 음성을 듣습니다. 반복해서 따라 발음해 봅니다. 이제는 silk와 chiffon이 정확히 어떻게 발음되는지 확인했고, 발음도 할 수 있습니다.

둘, 처음 들었던 매체로 돌아가 연음을 확인한다

연음을 익히려면 1단계보다 2단계가 더 중요합니다. 잘 안 들리던 소리의 각 단어를 1단계에서 확인했으니, 이 단어가 어떻게 연음 처리되어 들리는지 다시 확인하는 겁니다.

You ordered / six of the silk chiffon / Antoinette dresses / in pink.

배우 앤 해서웨이 씨는 six of the silk chiffon을 연음으로 발음합니다. [씩s어더실k쉬fan] 이렇게요. 우리가 보는 단어는 [씩쓰 오브 더 실크 쉬폰]이지만, 실제 발음은 그렇게 나지 않습니다. 저는 이때 이 자체를 하나의 덩어리로 보고 들리는 그대로([씩s어더실k쉬fan]) 발음합니다. 단어 또는 문자를 보고 하나씩 발음하는 것이 아니라 '들리는 대로' 한 덩어리로 묶어서 연습하는 겁니다. 연음으로 들리는 부분을 하나의 단어 덩어리로 보는 거지요.

다시 말해, six / of / the / silk / chiffon 이렇게 단어를 각각 발음

하는 게 아니라, 들리는 그대로 한 덩어리를 만들어 새로운 하나의 단어(sixothesil(k)chiffon)를 대하듯 연습합니다(주로 of the가 있는 문장은 [오브 데가 아니라 [어데라고 발음합니다).

꼭 배우가 하는 발음 그대로 무조건 따라 하라는 말이 아닙니다. 사람마다 말하는 방식이 다르니까요. 다만, 이렇게 발음 훈련을 하다 보면 어느 부분에서 연음 처리를 해야 하는지 자연스럽게 익힐 수 있습니다.

연음 때문에 듣기 힘든 표현으로는 should have p.p., could have p.p., would have p.p. 등도 있습니다. 이와 같은 표현들은 전체를 하나의 덩어리로 보고, 연음 처리된 발음 그대로 연습하는 편이 좋습니다. 대부분 이 표현을 마주하면 should / have / p.p. 이렇게 다 또박또박 발음합니다. 하지만 원어민들은 그렇게 발음하지 않습니다.

should have done it

→ should've done it → shoulda done it
   [ʃʊdəv]   [ʃʊdə]

could have done it

→ could've done it → coulda done it
   [kʊdəv]   [kʊdə]

would have done it

→ would've done it → woulda done it
[wʊdəv]　　　　　[wʊdə]

위와 같이 발음하지요. 그래서 should have p.p., could have p.p., would have p.p. 표현을 알아도, 어떻게 소리가 나는지 모른다면 저 부분은 아무리 들어도 이해하지 못할 겁니다.

단어가 문장 속에서 어떻게 소리 나는지 잘 들어 보세요. 그리고 그 소리를 '들리는 그대로' 묶어 한 덩어리로 보며 발음을 연습해 보세요. 연음 연습에 이만한 게 없습니다.

물론, 모든 단어가 연음으로 소리 나는 건 아닙니다. 또한 강조하고 싶을 때 또박또박 발음하기도 합니다. 그러니 앞서 말한 1단계처럼, 각 단어가 어떻게 발음되는지 확인해야 합니다. 특히 더 발음이 안 되는 단어는 신경 써서 연습하고 녹음해서 들어 보는 과정이 필요해요. 말할 때는 몰라도 녹음해서 들어 보면 틀린 발음이 잘 들립니다. 그러니 발음 연습할 때는 그냥 하지 말고, 정확히 발음하고 있는지 녹음해서 확인해 보세요.

영어는 왜 잘 안 들릴까?

팟캐스트를 듣거나 영화, 미드를 볼 때 안 들리는 부분이 분명히 있습니다. 막상 영어 자막이나 스크립트(transcript)를 보면 다 아는 표현인데도 말이지요. 그렇다면 왜 영어가 들리지 않는 걸까요?

속도가 빨라서일 수도 있고, 주변 소음으로 깔끔하게 들리지 않아서일 수도 있습니다. 또 다른 이유는 원어민이 발음을 제대로 다 하지 않기 때문입니다. 앞서 six of the silk chiffon과 should have p.p. 등으로 연음의 예를 설명했습니다. 연음은 말을 빨리 하면서 발음을 더욱 편하게 하기 위해 일어나는 현상입니다. 이처럼 원어민이 소리를 탈락시켜 제대로 다 발음하지 않으면, 우리는 잘 못 알아 듣게 됩니다.

원어민도 영어를 100% 다 완벽하게 못 듣기도 합니다. 무슨 말인가 하면, 예를 들어, 영화 속에 아무리 들어도 정확히 들리지 않는 영어 문장이 있다고 해 봅시다. 이 문장의 앞뒤 장면 다 제거하고 원어민에게 이 부분만 들려주면 그들도 완벽하게 못 듣는 경우가 있다는 말입니다. 그런데 신기하게도 그런 부분의 앞뒤 문장을 함께 들려주면 그제야 무슨 소린지 이해합니다. 앞뒤 문맥상 무슨 말인지 알게 되는 거죠.

혹시 한국 영화나 드라마를 보면서 '저게 무슨 소리야?' 한 적은 없으신가요? 말 자체가 무슨 소리인지 잘 안 들리는 경우요. 발음이 부정확하거나 말이 빨라서, 또는 주변 배경음 때문이기도 합니다. 이는 영어를 모국어로 하는 원어민도 똑같이 겪는 현상입니다.

우리가 한국어로 말하는 것을 봐도 그렇지요. '의', '에'와 같은 글자의 발음을 정확히 하지 않는 것처럼, 원어민도 기본 발음 기호 그대로 발음하지 않을뿐더러 말을 빨리 하면서 모든 문자를 발음하지 않기도 합니다. 말을 더듬을 때도 있으며 말하다가 순간적으로 실수하기도 하고요. 그래서 원어민조차도 완벽하게 못 들을 때가 있습니다. 그러니 영어를 학습하는 우리가 정확히 못 듣는 부분이 있는 것은 당연합니다.

즉, 영어가 들리지 않는 이유는 비단 귀가 뚫리지 않아서만은 아니라는 겁니다. 영어를 들으려면 전체적인 나의 이해력이 뒷받침되어야 합니다. 앞뒤 문맥상, 들리지 않는 부분에 어떤 단어가 들어가는지 채울 수 있도록 영어 이해력이 장착돼 있어야 한다는 말입니다.

듣기 능력을 향상하려면 많이 들어야 합니다. 그러나 다른 인풋도 함께 하며 영어 능력을 전체적으로 높여야 영어 듣기 실력도 좋아집니다. 아무리 들어도 영어 듣기 실력에 진전이 없다면 자신의 영어 이해력부터 높여야 합니다. 영어는 내가 아는 만큼 들린다는 사실을 잊지 마세요.

팟캐스트를
백배 활용해 보세요

해외에서 원어민 강사에게 수업을 듣지 않아도, 한국에서 영어로 영어 수업을 들을 수 있다고 생각해 보세요. 멋지지 않나요? 그걸 가능하도록 해 주는 게 팟캐스트입니다.

팟캐스트는 인터넷 라디오 방송입니다. 라디오가 실시간으로 듣는 매체라면, 팟캐스트는 특정 날짜에 해당 웹 사이트에 올라오는 녹음된 라디오 방송입니다. 언제 어디서나, 내가 원하는 시간에 다운받아 들을 수 있지요.

웹상에는 학습 관련뿐 아니라 다양한 분야의 팟캐스트가 있습니다. 하지만 우리는 영어 학습자이므로, 영어 학습에 관련된 팟캐스트만 이야기할게요. 원어민들이 진행하는 팟캐스트 중에는 영어 학습자를 위한 콘텐츠들이 있습니다. 영어로 표현을 설명하거나, 영어로 문법을 알려 주는 그런 콘텐츠요. 우리는 그걸 통해 영어를 공부할 겁니다. 팟캐스트의 각 에피소드 길이는 3분에서 25분까지 다양합니다. 여러분의 학습 수준에 맞고 재미있게 들을 수 있는 것을 선택해 공부해 보세요.

팟캐스트 듣는 방법

팟캐스트는 PC와 모바일로 들을 수 있습니다. PC로 들을 때는 해당 팟캐스트 웹 사이트에 들어가서 음원을 재생하면 되고, 모바일로 들으려면 앱을 설치해야 합니다. 구글 플레이 스토어나 앱 스토어에서 '팟캐스트' 또는 'podcast'라고 검색하면 다양한 팟캐스트 앱이 나옵니다. 안드로이드 유저라면 기본 설치 앱으로 구글 팟캐스트가 있으니 이를 이용해도 괜찮습니다(구글 팟캐스트에 간혹 업데이트가 안 되는 팟캐스트도 있습니다).

팟캐스트 앱을 설치했다면, 이제 검색을 통해 듣고 싶은 팟캐스트를 구독합니다. 그러면 해당 팟캐스트 업데이트 날에 맞추어 새 에피소드를 들을 수 있습니다. 우리에게 필요한 건 영어이니 'English'로 검색해 보세요. 원어민이 진행하는 다양한 영어 팟캐스트를 볼 수 있습니다.

검색 결과로 나온 팟캐스트는 모두 무료로 들을 수 있지만, 대개 멤버십에 가입한 회원에게만 스크립트(transcript)를 제공합니다. 필요한 분들은 각 팟캐스트의 웹 사이트에 들어가 유료 멤버십에 가입해야 합니다.

• PC 또는 모바일로 팟캐스트 듣는 방법 설명 영상

QR 코드 : https://youtu.be/awZu5vyotnk

팟캐스트를 이용한 학습 방법

영어 학습자들을 위한 학습용 팟캐스트는 발음이 정확하고 깔끔한 편이라 듣기 연습에 좋습니다. 팟캐스트를 이용한 학습 방법에는 네 가지가 있습니다.

① 그냥 듣기

② 섀도잉을 하며 듣기

③ 받아쓰며(딕테이션) 듣기

④ 섀도잉 + 받아쓰며 듣기

하지만 각자의 영어 실력에 적합한 방법으로 학습해야 합니다.

내가 초급 또는 초중급 학습자라면

초급, 초중급 학습자는 최대한 집중해서 듣는 데 중점을 두세요. 이때 흥미가 떨어지지 않도록 본인의 학습 수준에 맞고 짧은 매체를 선택하는 편이 좋습니다. 자신에게 맞는 매체라면, 어렵지 않게 음원을 따라 할 수 있고 영어의 음을 익힐 수 있기 때문입니다. 스크립트(transcript)가 있다면 더 좋습니다.

이때 완벽한 섀도잉을 하려는 생각을 버리세요. 그리고 영어 소리의 높낮이와 발음에 익숙해지기를 목표로 해 보세요. 짧은 매체 한두 개를 정해서 거의 이해할 수 있을 때까지 반복해서 들어 보세요. 이해 안 되는 매체를 여러 가지 듣기보다 한두 가지를 딱 정해서 제대로 파는 편이 낫습니다. 반복하면서 소리에 익숙해질 테니까요.

여기서 말하는 '거의 이해할 수 있을 때까지'는 단어 하나하나 다 들릴 때까지가 아니라, 단어 몇 개를 이해하지 못해도 전체 맥락을 이해할 수 있을 때까지를 말합니다. 단어 하나하나에 연연하지 마세요.

초중급 학습자를 위한 추천 팟캐스트

※ 초급 학습자분들은 팟캐스트보다는 애니메이션 영화로 듣기를 공부하는 편이 수월합니다. 영상이 있는 애니메이션 영화는 영어가 잘 들리지 않아도 영상을 통해 내용을 유추할 수 있습니다. 때문에 영상이 없는 팟케스트보다 이해하기 쉽습니다. 앞에서 말씀드렸듯이, 학습자의 현재 학습 수준보다 약간만 높은 난도로 학습해야 언어 습득에 도움이 됩니다. 들리지 않는 매체를 이용해서 공부하면 말짱 도루묵이니, 혹시 팟캐스트 듣기에 어려움이 있다면 좋아하는 애니메이션 영화를 선택해서 공부하세요.

❶ 김영철, 타일러의 진짜 미국식 영어

(https://programs.sbs.co.kr/radio/0chulpowerfm/aods/57525)

영어로 어떻게 말하면 좋을지 애매한 표현이나 한 번쯤 일상생활에서 쓸 만한 표현들을 알려 줍니다. 짧아서 듣는 데 큰 부담은 없지만, 시간이 없다면 매 에피소드의 제목만 보아도 됩니다. 제목에서 한국어 표현과 영어 표현을 모두 확인할 수 있어요.

❷ Culips English Podcast

(https://esl.culips.com/)

저의 최애이자, 가장 오래 꾸준히 들어 온 팟캐스트입니다. 스크립트(transcript)는 멤버십 회원에게만 제공합니다. 2021년 기준으로 총 여섯 개 시리즈를 진행하는데, 그중 Speak Easy, English tips from the Culips hosts, Simplified Speech, 이 세 시리즈가 초급 및 초중급 학습자들이 듣기 좋습니다. 발화 속도가 느리고 학습자에게 도움이 될 만한 영어 공부 팁도 알려 줍니다.

❸ BBC 시리즈

(https://www.bbc.co.uk/learningenglish/english)

BBC 영국 방송 사이트에 가면 영어 학습자를 위한 다양한 자료와 팟캐스트가 있습니다. 공영 방송이라 스크립트(transcript)도 모두 무료로 제공합니다. 제공하는 팟캐스트 중 PC로 이용할 때 초급과 중급이 나뉘어진 것들이 있습니다. 하지만 모바일 팟캐스트 앱을 통해 들으면 초급과 중급이 나뉘어 있지 않습니다. 상관없는 분들은 그대로 들으시고, 초급과 중급을 나눠 듣고 싶은 분들은 PC로 사이트에 접속해서 이용하세요.

특히 해당 사이트의 The English We Speak는 내용이 쉽다고는 할 수 없지만, 매 에피소드의 분량이 3분밖에 되지 않는 짧은 팟캐스트라 추천합니다.

내가 중급 이상 학습자라면

중급 이상 학습자는 이해할 수 있는 양이 많으니 학습 방법의 폭이 넓어집니다. 우선 매체의 길이가 아주 길지 않은 에피소드를 골라 주세요. 짧아도 상관없습니다.

중급 이상 학습자는 섀도잉하면서 들을 때 그냥 음만 익히는 선에서 끝내는 게 아닙니다. 최소 80% 이상은 따라 말할 수 있을 때까지 반복해야 합니다. 매체를 80% 이상 섀도잉할 수 있다는 말은 그만큼 들린다는 말입니다. 더 따라 한다면 그 이상 들린다는 이야기고요.

중급 이상 학습자는 스크립트(transcript)가 있어도 좋고, 없어도 크게 상관은 없습니다. '에피소드의 단어 하나도 놓치지 않겠다'라는 생각을 하는 분이라면 스크립트를 이용해 공부해도 괜찮습니다. 책을 읽을 때 핵심 단어가 아닌 단어의 뜻을 모른다고 해서 문장 이해가 안 되는 것은 아니지요. 듣기도 마찬가지입니다. 그다지 중요한 단어가 아니라면 그 뜻을 몰라도 내용을 이해하는 데 문제가 없습니다. 그러니 '꼭 100% 다 들어야겠다'라는 의도가 아니라면 스크립트는 그다지 필요하지 않아요. 저도 스크립트 없이 섀도잉해 왔고요.

물론 핵심 단어를 못 알아들을 때도 있습니다. 내가 그 단어를 모르거나 아는 단어인데 연음이 되어 안 들리는 경우지요. 후자는 반복해서 듣다 보면 문맥상 어휘가 유추 가능할 때도 있습니다. 전자가 난감한데요. 이럴 때는 들리는 대로 구글에 영어로 검색해 보세요. 구글은 검색어를 잘못 입력하면 철자가 유사한 단어를 제시해 주기도 하고, 검색어와 유사한 뜻을 지닌 단어들을 표시해 주기도 합니다. 저는 거의 이런 식으로 못 알아들은 단어를 검색하곤 합니다. 모르는 단어가 확실한데, 몰라도 문장 이해에 크게 영향이 없는 단어라면 이렇게 찾는 수고도 하지 않습니다.

팟캐스트 섀도잉을 할 때는 한 에피소드를 1주일 정도 반복해 듣습니다. 3분밖에 되지 않는 The English We Speak는 더 짧은 기간 동안 할 때도 있어요.

더 나아가 시간적 여유가 있다면, 받아쓰기(딕테이션)도 함께 해 보세요. 단어 하나하나 모조리 다 듣고 적는 과정이라 시간이 오래 걸리지만, 완전히 집중해야 하므로 듣기 실력 향상에 꽤 좋습니다. 다만, 받아쓰기를 함께 하려면 스크립트(transcript)가 있는 편이 좋습니다.

받아쓰기를 할 때 조금 듣고 적고, 또 조금 듣고 적기보다, 의미 단위로 끊어서 받아 적으려고 해 보세요. 어디에서 끊어야 할지 도통 모르겠다면, 말하는 사람이 문장의 어느 부분에서 끊어 말하는지 확인하세요. 그곳까지 듣고 쓰는 것을 목표로 하는 겁니다. 짧게 끊어 듣기보다, 의미 단위로 끊어 들어야 듣기에도, 문장 구조를 파악하는 데도 도움이 됩니다.

큘립스(Culips) 팟캐스트 Jeremy's English Tips #25: How do I know if I'm on the right path의 첫 시작 부분을 한 번 보겠습니다.

In today's episode, I'd like to answer a common question that I get from language learners all over the world.

오늘 에피소드에서는, 전 세계 언어 학습자들에게 받는 흔한 질문에 대답하려고 합니다.

자, 이 문장은 어떻게 받아 적으면 될까요? 짧게는 아래처럼 끊어 보세요.

In today's episode, / I'd like to answer / a common question / that I get from language learners / all over the world.

좀 더 길게 끊어 보고 싶다면 아래와 같이 끊을 수 있습니다.

In today's episode, / I'd like to answer a common question / that I get from language learners / all over the world.

이처럼 의미 파악을 하며 어디에서 끊을지를 확인하고, 그만큼 듣고 쓰는 겁니다. In today's까지 듣고 쓰고, episode I'd like까지 듣고 쓰고 하는 식으로, 무작위로 끊어서 받아쓰는 것이 아닙니다. In today's episode까지 듣고 쓰고, I'd like to answer 또는 I'd like to answer a common question까지 듣고 쓰는 식으로 의미 단위로 끊어서 듣고 써 보세요. 이해가 되셨지요?

새도잉과 받아쓰기를 모두 하는 것은 가장 좋은 방법입니다.

그러나 받아쓰기를 하려면 시간이 오래 걸립니다. 시간적 여유가 있거나 열정적으로 영어 공부를 하고 싶은 분들에게 추천합니다. 공부할 시간이 많지 않은 분들이라면 짧은 매체로 받아쓰기를 하거나, 한 에피소드의 특정 구간을 정해서 그 부분만 섀도잉과 받아쓰기를 하는 것도 좋은 방법이 될 수 있습니다.

중급 이상 학습자를 위한 추천 팟캐스트

❶ BBC 시리즈

(https://www.bbc.co.uk/learningenglish/english)

초중급 학습자에게도 추천한 The English We Speak와 더불어 6 Minute English도 추천합니다.

❷ Culips English Podcast

(https://esl.culips.com/)

전체적으로 발화 속도가 느려서 중급 이상 학습자는 답답하게 느낄 수 있으나 내용이 굉장히 알찹니다. 요즘 팟캐스트 앱에서는 재생 속도 조절이 가능하니, 속도를 빠르게 해서 듣거나 원 속도로 들으면서 내용 공부 및 발음 연습하는 것을 추천합니다. 2021년 기준 총 여섯 개의 시리즈를 진행하는데, 여섯 개 시리즈 모두 추천하지만, 개인적으로 Chatterbox와 Catch Word 시리즈를 가장 좋아합니다.

❸ 김영철, 타일러의 진짜 미국식 영어

(https://programs.sbs.co.kr/radio/0chulpowerfm/aods/57525)

영어를 공부하다 보면 '이건 영어로 어떻게 말하지?' 하는 한국어 표현들이 있습니다. 그런 한국어 표현을 자연스러운 미국식 영어로 알려주기 때문에 중급 학습자에게도 추천합니다.

❹ Plain English Podcast

(https://plainenglish.com/lessons)

무료로 제공되는 팟캐스트는 발화 속도가 느립니다. Culips 팟캐스트와 마찬가지로 속도를 빠르게 해서 듣거나 원 속도로 들으면서 내용 공부 및 발음 연습하기를 추천합니다.

❺ The RealLife English Podcast

(https://reallifeglobal.com/radio-podcast/)

미국 영어, 영국 영어, 호주 영어를 동시에 들으며 공부할 수 있는 팟캐스트입니다. 각 나라의 영어를 다 들으며 공부하고 싶은 분들에게 추천합니다.

❻ Aussie English

(https://aussieenglish.com.au/podcast-episodes/)

호주 영어를 공부할 수 있는 팟캐스트입니다. 특히 표현을 알려 주는 에피소드 중간에는 호주식 발음을 연습할 수 있도록 호스트를 따라 말하는 시간도 있습니다.

영화와 미드를
효과적으로 활용하는 법

공부는 기본적으로 재미있지 않습니다. 물론 공부를 좋아하는 사람도 있겠지만, 아무리 좋아하는 공부라도 재미있지 않으면 지속하기 힘들다고 생각합니다. 그래서 많은 분이 영어 공부 매체로 선택하는 게 영화나 미드가 아닐까 싶어요.

이 책을 읽고 있는 여러분도 이미 영화나 미드를 이용해 영어 공부를 해 보신 적이 있을 거예요. 어떠셨나요? 책이나 강의보다 공부하기 어렵지 않았나요? 예, 영화나 미드는 영어 학습 팟캐스트나 강의 영상에서처럼 발음이 깔끔하지도 않고, 발화 속도도 빠룹니다. 배우의 말투에 따라 대사를 이해하기 힘들기도 하지요. 흘려 발음하는 사람이 있는가 하면, 엄청난 연음과 빠른 발화를 구사하는 사람도 있습니다. 그래서 단념하고 공부를 포기할 때도 있습니다.

그렇다면 영화와 미드는 영어 공부에 도움이 되지 않을까요? 애니메이션을 포함한 영화와 미드로 영어 공부를 해 온 저는 당연히 도움이 된다고 말씀드립니다.

강력 추천! 애니메이션 영화에 영어 공부의 길이 있다

그럼 먼저 애니메이션 영화를 이야기해 봅시다. 영어 회화를 공부하는 사람들에게 애니메이션 영화는 아주 좋은 매체입니다.

여러분은 영어 공부 매체로 애니메이션 영화를 선호하시나요? 아니면 일반 영화를 선호하시나요? 정확한 비율은 몰라도 많은 분이 일반 영화를 선호하십니다. 특히 중급 이상 학습자들은 영어 공부 매체로 애니메이션 영화를 잘 선택하지 않습니다. '애니메이션' 영화이기 때문이에요. 왠지 애니메이션이라는 단어 때문에 쉬울 것 같은 느낌입니다. 하지만, 막상 공부해 보면 전혀 쉽지 않습니다.

영어판 「뽀로로」와 「겨울왕국(Frozen)」이 있습니다. 이 둘을 비교했을 때 무엇이 더 쉬울 것 같나요? 당연히 전자인 「뽀로로」

입니다. 유튜브에서 「뽀로로」 영어 영상만 봐도 어떤 느낌인지 아실 거예요. 「뽀로로」는 어른을 대상으로 하는 영화가 아닙니다. 대상이 아이들이죠. 하지만 「겨울왕국」은 어른과 아이 모두를 대상으로 하는 영화입니다. 그래서 사용하는 표현이 쉽지만은 않습니다. 영화 속에 어른을 위한 농담도 섞여 있고, 원어민이 많이 구사하는 구동사(phrasal verb)도 자주 나옵니다. 실생활 영어를 배우는 데 이만한 게 없죠.

영어 공부 매체로써 애니메이션 영화의 가장 좋은 점은 바로 발음과 억양에 있습니다. 어린이 배우가 더빙한 게 아니라면, 굉장히 깔끔한 딕션과 억양을 들을 수 있습니다. 따라 말하기에는 최고의 매체지요. 듣기 연습에도 좋습니다. 심지어 중급 이상 학습자들은 자막 없이도 거의 이해하기 수월할 정도로 깔끔하게 들립니다. 영화에서 특정 나라 억양의 영어를 구사하는 캐릭터가 있다 하더라도(예: 「코코(Coco)」, 「가디언즈(Rise of the Guardians)」, 「라따뚜이(Ratatouille)」 등) 모든 캐릭터가 특정 억양을 드러내지 않을 뿐더러, 마냥 쉬운 표현만 사용하지 않으니 영어 표현을 공부하기에도 좋습니다.

저의 최애 애니메이션 영화는 「가디언즈」입니다. 노스 역을 맡은 배우 알렉 볼드윈 씨는 영화 속에서 러시아 억양의 영어를 구사하고 버니 역을 맡은 휴 잭맨 씨는 진한 호주 억양을 구사하지만, 저는 이 영화를 열 번도 넘게 봤습니다. 대사를 단어장에 정리해 넣고 전부 공부할 정도로요.

애니메이션 영화로 한 번만 공부해 보세요. '영어를 공부하기에는 너무 쉽다'라는 생각을 버리게 될 거예요. 저처럼 애니메이션 영화를 사랑하게 될지도 몰라요.

애니메이션 영화로 얻을 수 있는 좋은 표현

'애니메이션 영화로 영어 공부가 될까?'하고 의심하시는 분들을 위해 맛보기 찬스를 드립니다. 아래의 문장은 저의 최애 애니메니션 영화 「가디언즈(Rise of the Guardians)」의 한국어 번역 대사입니다. 영어 문장으로 한번 말해 볼까요?

① 지금 당장 카메라가 있다면 좋을 텐데.
② 나는 이런 일이 일어날 줄 몰랐어.
③ 지금쯤은 이미 그것에 익숙해졌겠네.
④ 어쩌다 이렇게 된 거야?
⑤ 너 무슨 짓을 한 거야?
⑥ '너무 늦다'라는 것은 없어!
⑦ 그는 아주 나쁜 일을 꾸미고 있어.

[정답]

① I really wish I had a camera right now.

② I didn't mean for this to happen.

③ You must be used to that by now.

④ Why did you end up like this?

⑤ What have you done?

⑥ No such thing as too late!!

⑦ He's up to something very bad.

※ 헤이민지의 플래시 카드 프로그램 활용법

영화나 미드를 볼 때, 내가 말해 보고 싶거나 좋다고 느껴지는 표현은 따로 정리해 두는 것이 좋습니다. 저는 플래시 카드 프로그램인 앙키(ANKI, https://apps. ankiweb.net)로 표현을 정리합니다. 앙키는 프로그램 알고리즘에 의해 아는 표현과 모르는 표현의 반복 빈도수를 다르게 설정합니다. 반복 학습으로 암기를 하고자 하는 분들에게 추천합니다. 앙키에 카드를 만들어 넣을 때, 한국어 번역 문장→영어 문장 순으로 정리합니다. 내가 영어를 말로 내뱉으려면 영어 문장을 외워야 합니다. 그러려면 한국어 문장을 보고 영어 문장을 맞추는 방식이 좋습니다. 그래서 저는 앞면에는 한국어, 뒷면에는 영어를 적어 넣습니다.

Front
뭐가 '내가 가디언이 되고 싶다'라고 생각하게 한거야?
Back
What makes you think I want to be a Guardian? think 다음에 살짝 pause 'What makes you think~?' 패턴 익히기
태그

• 앙키(ANKI) 프로그램

  QR 코드: https://apps.ankiweb.net

많은 사람이 추천하는 미드나 영화를 봐야 할까?

미드나 영화로 영어를 공부해야겠다고 다짐하면 가장 먼저 무엇을 하시나요? 대부분은 '영어 공부에 좋은 미드' 또는 '영어 공부로 추천하는 영화'를 검색해 볼 거예요. 이 책을 읽고 계신 여러분도 영어 공부하기에 좋은 미드나 영화를 검색해 본 적 있으리라 생각합니다.

사람들이 많이 추천하는 미드는 「프렌즈(Friends)」, 「내가 너의 엄마를 만났을 때(How I Met Your Mother)」 같은 시트콤입니다. 분량이 대체로 짧고, 실생활에서 쓰이는 용어와 대화문이 많이 나오기 때문입니다.

그럼 저도 「프렌즈」 같은 시트콤을 보면서 영어 공부를 했을까요? 많이 추천하는 미드는 시트콤인데, 저는 시트콤을 싫어합니다. 한국 시트콤도 아예 안 봐서 한때 한창 유행이었던 「지붕 뚫고 하이킥」조차 본 적이 없어요.

물론 시도했던 적은 있습니다. 「프렌즈」, 「빅뱅 이론(The Big Bang Theory)」, 「내가 너의 엄마를 만났을 때」. 딱 이렇게 세 개입니다. 「프렌즈」와 「빅뱅 이론」은 보자마자 '이건 아니다'라고 생각했고, 친구가 격하게 추천했던 「내가 너의 엄마를 만났을 때」는 꾸역꾸역 봤지만, 흥미를 느끼지 못했을뿐더러 시즌 1의 9회까지 본 게 다입니다. 저에게는 세상 재미없는 매체지만, 시트콤이 잘 맞는 분들에게는 좋은 영어 교재가 될 거예요.

제가 좋아했던 미드는 「CIS」, 「CSI: NY」, 「CSI: Miami」, 「Lie to Me」, 「Criminal Minds」, 「Bones」, 「Orphan Black」 등이 있습니다. 딱 감이 오시죠? 저는 범죄 수사물을 무척 좋아합니다. 자연스레 수사물 미드를 보며 영어 공부를 시작했습니다. 영화도 마찬가지입니다. 저는 「아바타(Avatar)」, 「트랜스포머(Transformers)」, 「가디언즈(Rise of the Guardians)」 같은 영화를 좋아합니다. 그래서 이런 장르의 매체로 영어 공부를 했습니다. 이런 장르에는 굳이 공부할 필요가 없는 대화문이 많이 나오는데, 과연 공부에 도움이 될지 궁금하시죠?

한국 드라마를 예로 들어 보겠습니다. 범죄 수사물 「보이스」를 보셨나요? 이런 수사물에도 일상 대화는 나옵니다. 처음부터 끝까지 실생활에 잘 쓰지 않는 표현만 나오는 건 아니에요. 수사 관련 대화만 나오거나 무시무시한 장면만 나오는 게 아닙니다.

수사물 미드나 특정 장르의 할리우드 영화도 마찬가지입니다. 아무리 장르물이라도 드라마/영화의 특성상 처음부터 끝까지 우리가 쓰지 않을 표현만 나오지는 않아요. 물론, 일상 생활을 다룬 미드나 시트콤보다 일상 대화문이 적지요. 그래서 되레 좋은 점도 있습니다. 한 에피소드에 나오는 모든 영어 문장을 완벽하게 공부해야 한다는 강박 관념에서 벗어날 수 있으니까요.

수사물이든, 호러물이든, 의학물이든, 일상 회화는 무조건 나옵니다. 그저 분량의 차이일 뿐이죠. 이러한 영화 한 편, 또는 미드의 한 에피소드에서 그 일상 회화만 제대로 건져도 정말 잘한 겁니다.

팟캐스트는 학습용으로 나온 것들을 추천하지만, 팟캐스트와 비교해 분량이 긴 미드나 영화는 여러분이 공부를 지속할 수 있도록 자신의 흥미 위주로 골라 보세요. 내가 좋아하는 걸 보면서 공부하는 편이 더 재미있으니까요. 그러니 많은 분이 추천한다고 취향도 아닌 매체를 보기보다는 좋아하는 것을 보면서 공부하세요. 시트콤이 좋으면 시트콤을 보면 되고, 공상 과학 영화가 좋으면 그런 장르를 골라서 보면 됩니다. 영어 공부에 '좋은' 매체는 있을 수 있지만, '반드시' 그 매체로 공부할 필요는 없습니다. 제가 다른 사람의 추천 매체로 한 번도 공부한 적 없는 것처럼요.

당신의 공부 스케줄 딱 정해 드립니다

영화는 보통 길이가 두 시간쯤 되는 매체입니다. 따라서 앉은 자리에서 한 번에 다 공부할 수 없습니다. 며칠 또는 몇 주간 공부할지 먼저 기간을 정하세요. 하루에 공부해야 할 분량을 나누고 매일 꾸준히 공부하는 겁니다. 예를 들어, 120분 분량의 영화를 10주 동안 공부하기로 했다면, 1주에 12분 분량만 공부하면 됩니다.

경험상 8~10주에 한 영화를 공부하는 게 딱 좋았어요.

하나, 매일 적은 분량으로 영어와 친해지자

미드는 한 시즌에 20~45분짜리 에피소드가 여러 개입니다. 2시간이면 끝나는 영화와 달리 보고 공부할 양이 많습니다. 그러니 미드를 이용해 공부할 때는 매회를 완벽하게 공부하겠다는 마음부터 버려야 합니다. 그렇지 않으면 장담컨대 스트레스를 받아 분명 공부를 포기할 거예요. 에피소드가 많은 미드를 택하셨다면 '내가 말하고 싶은 표현'이 있는 부분만 집중해서 공부해 보세요. 예를 들어, 한 에피소드에서 2~3분 분량의 한 신(scene)만 집중적으로 공략하는 겁니다. 미드는 미드대로 재미있게 보면서, 전체를 다 공부해야 한다는 강박에서 벗어날 수 있어요.

미드나 영화 한 편 속 모든 대사 또는 표현을 완벽하게 외우기란 불가능해요. 그러니 미드의 한 에피소드나 한 영화에서 몇 개의 표현을 내 것으로 만들지, 그 기준부터 정하세요. 예를 들어, 여러분이 영화 한 편에서 '100개의 표현을 내 것으로 하겠다'라고 정했습니다. 10주 동안 공부를 할 테니 1주에 10개의 표현만 내 것으로 만들면 됩니다. 주 5일 공부하면 하루에 2가지 표현만 암기하면 된다는 말이지요! 그럼 영화 한 편의 공부를 끝냈을 때 100개의 표현을 습득한 셈입니다.

아무런 계획 없이 무작정 공부를 시작하면 며칠 공부하다 말 것입니다. 이렇게 공부할 기간, 분량을 미리 정해 적은 분량으로 무리 없이 공부해 보세요. 며칠 공부하고 며칠 쉬는 것보다 적은 분량이라도 매일 공부하는 편이 실력 향상에 훨씬 도움이 됩니다. 영어와 친해지세요.

영어 공부 스케줄과 학습량 예시

애니메이션 영화 「가디언즈(Rise of the Guardians)」
하루 2문장씩 10주 동안 영어 표현 100문장으로 끝장내기!

1주(시작 ~ 9분)	1일 차	2일 차	3일 차	4일 차	5일 차
2주(9분 ~ 18분)	6일 차	7일 차	8일 차	9일 차	10일 차
3주(18분 ~ 27분)	11일 차	12일 차	13일 차	14일 차	15일 차
4주(27분 ~ 36분)	16일 차	17일 차	18일 차	19일 차	20일 차
5주(36분 ~ 45분)	21일 차	22일 차	23일 차	24일 차	25일 차
6주(45분 ~ 54분)	26일 차	27일 차	28일 차	29일 차	30일 차
7주(54분 ~ 63분)	31일 차	32일 차	33일 차	34일 차	35일 차
8주(63분 ~ 72분)	36일 차	37일 차	38일 차	39일 차	40일 차
9주(72분 ~ 81분)	41일 차	42일 차	43일 차	44일 차	45일 차
10주(81분 ~ 끝)	46일 차	47일 차	48일 차	49일 차	50일 차

애니메이션 영화는 일반 영화보다 비교적 길이가 짧습니다. 예로 「가디언즈」는 약 90분 분량이에요. 한 주에 할당된 분량은 약 9분으로, 주 5일 공부한다고 했을 때 하루에 볼 분량은 2분 내외입니다. 이 정도 분량이면 매일 공부할 맛이 나겠지요? 조금 더 빨리 끝내고 싶다면 8주로 공부 기간을 정해도 좋습니다.

둘, 공부한 표현은 반복해서 본다

영어 공부의 핵심은 암기와 반복에 있다고 했습니다. 미드와 영화로 공부할 때도 반복은 필수입니다. 열심히 공부한 매체는 다음에 반복해서 공부를 할 때 같은 방법으로 시간을 투자할 필요가 없습니다. 이미 공부하면서 정리해 놓은 표현들이 있으니, 그것을 수시로 보세요. 이때 해당 부분의 영상을 다시 보며 소리도 함께 익히면 더 좋습니다.

개인적으로 저는 한 영화를 여러 번 반복해서 봅니다. 그 덕분에 이미 내용을 알고 있어서 다시 볼 때는 주로 자막 없이 보거나, 영어 자막을 켜 놓고 봅니다. 그리고 내용을 안다고 해서 그냥 흘려듣는 게 아니라 대사를 집중해서 듣습니다. '공부해야지!'라는 생각으로 보지 않더라도 그 반복성으로 인해 복습하는 효과도 있습니다.

초급, 초중급 학습자는 미드나 일반 영화보다 애니메이션 영화로 공부해 보세요. 애니메이션 영화는 발화 속도가 그리 빠르지 않고 발음이 무척 깔끔합니다. 앞서 말씀드렸듯이 애니메이션 영화가 쉬운 게 아니니 중급 이상 학습자에게도 애니메이션 영화는 학습하기에 나쁘지 않은 매체입니다.

셋, 한국어 자막과 영어 자막을 적절히 활용한다

초중급 학습자와 중급 이상 학습자는 분량을 정해서 공부할 때 학습 순서가 다릅니다.

초중급 학습자는 해당 분량을 먼저 한국어 자막으로 봅니다. 이미 봤던 미드나 영화라서 아는 내용이라 하더라도 세부 대사 내용까지는 기억하지 못하므로 한국어 자막으로 보며 내용 이해를 먼저 합니다. 내용 파악이 끝나면 영어 자막을 켜고 다시 봅니다. 모르는 영어 단어가 나와도 한국어 자막으로 먼저 봤기에 해당 영어 단어의 뜻을 유추할 수 있습니다. 영 기억이 안 날 때는 사전에서 찾아보세요. 이때 모르는 단어가 포함된 문장, 또는 내가 외우고 싶은 문장을 여러 번 반복 재생하면서 어떻게 소리가 나는지 익힙니다. 영어는 내가 표현을 아는 만큼, 발음할 수 있는 만큼 들립니다. 반복해 들으면서 소리 내어 따라 해 보세요.

영어 자막을 보며 공부를 끝냈다면, 자막 없이 다시 보고 화면 속의 말이 얼마나 들리는지 확인합니다. 잘 들리지 않거나 이해가 되지 않는 부분은 되돌아가서 다시 공부합니다. 대사의 속도가 빨라 안 들린다면, 재생 속도를 늦춰서 들어도 좋습니다.

혹시 분량을 정해서 해당 내용을 다 공부하는 게 부담이 된다면, 이럴 때는 특정 장면을 여러 개 선택해 그 부분만 알려 드린 방법으로 공부해 보세요.

중급 이상 학습자는 무자막으로 먼저 봅니다. 분명 이해가 안 되거나 안 들리는 부분이 있을 거예요. 저는 그런 부분을 3~4번 반복해서 봅니다. 이렇게 하면 앞뒤 문맥으로 어떤 말인지 알아챌 때가 있고, 전혀 들리지 않아 이해가 안 될 때도 있습니다. 이해가 안 되더라도 여러 번 보고 나면 그 소리가 얼추 머릿속에 새겨집니다. 이렇게 무자막으로 당일 분량을 다 보고 나면 이해하지 못했던 부분을 영어 자막과 함께 다시 봅니다. 혹시 잘못 이해한 부분이 있을 수 있으니 분량 전체를 다시 보는 게 가장 좋지만, 바쁘거나 같은 영화를 여러 번 못 보겠다 하는 분들은 이해하지 못한 부분만 확인하셔도 괜찮아요.

영어 자막과 함께 보면 당황스러울 때가 종종 있습니다. 아는 단어와 표현인데도 못 들었을 때입니다. 그 장면을 반복해 들으면서 왜 못 들었는지, 왜 이해하지 못했는지 확인합니다. 보통 배우의 발화 속도가 빠르거나, 연음이면 잘 못 듣습니다. 그러므로 아는 단어들이었는데도 잘 듣지 못했다면 들리는 소리 그대로 발음을 연습해 보세요. 연음을 입 밖으로 소리 내어 보는 겁니다. 모르는 어휘였다면 사전에서 찾아보고, 문장을 해석해 봅니다.

또한, 공부할 때 여러분이 실생활에서 쓸 듯한 표현이 있다면 따로 정리합니다. 정리할 표현을 암기하는 것으로만 끝내지 말고, 그것들을 이용해 '내가 말할 것 같은 예문'을 만들고 그 예문을 외우세요. 이게 핵심입니다. 영어 표현을 많이 안다고 해서 바로 입에서 나오지 않습니다. 내가 써먹을 문장을 만들어 외워 둬야 그 말을 할 상황이 생겼을 때 바로바로 말할 수 있습니다.

마지막으로 한글 자막으로 다시 보며 내가 생각한 뜻이 맞는지 확인합니다.

만약 본인이 애니메이션 영화를 보고 있고, 자막 없이도 어느 정도 이해가 된다면 초중급 학습자라 하더라도 중급 학습자의 학습 방법처럼 자막 없이 먼저 보고 → 영어 자막 → 한국어 자막 순으로 보면서 공부해도 됩니다.

중급 이상 학습자는 영어 자막을 켜고 보거나 자막 없이 봐도 어느 정도 내용 이해가 됩니다. 그러나 중급 학습자도 영어 표현적인 어려움이 아닌, 내용 자체가 어려운 영화로 공부한다면(예: 「인셉션(Inception)」, 「인터스텔라(Interstellar)」, 「테넷(TENET)」등) 먼저 한글 자막으로 보면서 내용 이해를 미리 하는 편이 좋습니다. 이건 영어 문제가 아니라 내용 문제이니까요.

또 주의할 점이 있습니다. 배우의 발화 속도가 너무 빨라서 연음의 문제가 아닌, 아예 영어 자막과 전혀 다르게 들릴 때가 있습니다. 이럴 때는 굳이 그 속도를 그대로 따라 소리를 익힐 필요가 없습니다. 말을 빨리 한다고 해서 영어를 잘하는 건 아니니까요.

단기간에 영어 실력을
올리는 편법

앞서 언급한 정공법이 아니더라도, 단기간에 영어 실력을 올릴 수 있는 편법도 있습니다. 단, 조건이 있습니다.

첫째, 무자막 또는 영어 자막으로 미드나 영화를 봤을 때 어느 정도 내용 이해가 되는 중급 이상의 학습자이어야 합니다.

둘째, 하루 장시간, 단기간(일주일 이내) 동안 집중해서 시간을 쏟을 수 있어야 합니다.

저는 이것을 '초단기 방구석 어학연수'라고 부르고 싶습니다. 비록 방구석에서 영어 공부를 하고 있지만, 마치 초단기 어학연수 온 듯 엄청난 집중을 하는 겁니다. 정공법과는 달리 이 방법은 표현을 따로 정리하고, 같은 걸 반복해서 보고 듣는 과정이 전혀 없습니다. 그 대신 하루에 7~10시간 또는 그 이상, 단기간에 확 집중해서 영어를 들어야 합니다. 일정 기간 시간이 많은 분에게 추천해요.

이때 사용할 매체는 여러 편으로 제작된 시리즈 영화(예: 「해리포터 Harry Potter (film series)」)나, 에피소드가 많은 미드가 좋습니다. 물론 영화 여러 편을 온종일 봐도 좋습니다. 시리즈물은 비슷한 상황이 계속 연출되므로 같은 단어나 비슷한 표현을 반복해서 들을 수 있습니다. 한 에피소드를 여러 번 보지 않아도 같은 단어가 계속 나오니 반복 효과를 볼 수 있는 것이죠.

이때는 한국어 자막을 켜고 보는 게 아닙니다. 한국어 자막을 켜고 보면 한글만 볼 뿐 영어를 잘 듣지도, 영어 어휘에 집중하지도 않습니다. 자막 없이 또는 영어 자막으로만 봐야 하므로 초급과 초중급 학습자들에게는 추천하지 않습니다.

일주일간 하루에 최대 긴 시간 동안 좋아하는 시리즈물 영화나 미드를 쭉 보세요. 그럼 짧은 기간임에도 영어 실력이 팍 늡니다. 한국어를 듣고 한국어로 생각하는 시간보다, 영어를 듣고 영어로 생각하는 시간이 많아 그러한 결과가 나옵니다. 어학연수를 가서 며칠 내내 영어만 듣는 상황과 유사하다고 할 수 있지요. 영어권 국가로 '어학연수를 왔다'라고 생각하며 미드나 영화를 즐겁게 보세요.

예전에 한 친구가 미드 「원스 어폰 어 타임(Once Upon a Time)」을 추천해 줘서 시즌 3까지 본 적이 있습니다. 한 시즌에 20여 개의 에피소드가 있는데, 시즌 3까지를 5일도 안 되는 기간에 다 몰아 봤습니다. 에피소드가 60여 개가 넘는 45분 분량의 미드를 5일 만에 본 것이죠. 평균적으로 하루에 9시간 이상 약 12편의 에피소드를 봤다는 말이에요. 잠자는 시간을 제외하면 한국어로 생각하는 시간보다 영어로 생각한 시간이 많았다는 말이 되기도 합니다.

저는 무자막으로 봤는데 중간에 반복되는 단어 중 유추도 안 되던 단어는 영어 자막을 켜서 단어를 확인하고 사전에서 찾아보기도 했어요. 당시 저는 온종일 영어만 듣고, 영어만 보고, 영어로만 생각하는 기이한 경험을 했습니다. 시즌 3까지 다 몰아서 보던 제게 어떤 변화가 생겼냐고요? 재미있게도 미드에서 많이 나오던 단어나 주인공들이 자주 쓰는 표현을 의식하지 않은 상태에서도 제가 외워서 쓰고 있더라고요.

한 번은 「해리 포터 Harry Potter」 영화의 전체 시리즈를 이틀

동안 몰아 본 적도 있습니다. 내친김에 해리 포터 원서도 다시 읽게 되었죠. 저는 책을 읽을 때 주로 소리 내어 읽는 편인데, 의도한 것은 아니지만 신기하게도 제가 영국식 발음으로 해리 포터 원서를 읽고 있더라고요.

시간이 많고 완전히 집중해서 '온종일 영어만 들을 수 있다' 하는 분은 방구석 어학연수를 한번 시도해 보세요.

chapter 02

읽기,
더 높은 도약의 발판

인생에서 원하는 것을 얻기 위한 첫 번째 단계는
내가 무엇을 원하는지 결정하는 것이다.
The first step to getting the things you want out of life is this:
Decide what you want.

벤 스타인 Ben Stein, 미국의 영화배우

한 차원 올라서려면
읽기를 하세요

영어 공부에 관심이 있는 분이라면 영어 읽기가 얼마나 많은 도움이 되는지 들어 보셨을 거예요.

언어학자 스티븐 크라센(Stephen Krashen) 박사는 저서 「크라센의 읽기 혁명(The Power of Reading)」에서 '외국어를 배우는 유일한 방법은 책 읽기다'라고 말했습니다. 그만큼 읽기가 가져다주는 효과가 크기 때문이겠지요. 영어 듣기로 어휘량과 발음을 잡았다면, 읽기로는 어휘량의 증가와 문장 구조의 이해력 향상을 기대할 수 있습니다. 문장 구조를 잘 이해할 수 있다는 말은 글쓰기에도 도움이 된다는 말입니다.

비슷한 형식의 문장을 접하다 보면, 영어가 어떤 구조인지 조금씩 알게 됩니다. 이런 데이터가 머릿속에 많이 쌓이면 영어 문장을 읽을 때 앞뒤로 왔다 갔다 보면서 해석하지 않아도 자연스레 해석되는 때가 옵니다(물론 그 문장에 쓰인 주요 어휘를 다 안다는 가정하에요). 또한, 문장이 길면 어떤 구조인지 파악한 뒤 의미 단위로 끊어 읽기도 가능해집니다.

한 문장이 3~4줄쯤 되는 긴 문장을 접하면 해석이 쉽게 되지 않을 수도 있습니다. 저는 그럴 때 주어부, 동사부, 목적어부 등으로 문장을 쪼개고 관계대명사절, 수식어구와 같이 문장을 확장하는 요소를 괄호로 정리합니다. '듣기'로는 절대 할 수 없는 과정이죠. 문장을 눈으로 직접 보기에 구분해서 정리할 수 있습니다. 이렇게 문장 구성 요소를 확인하는 과정을 통해 긴 문장이 어떻게 만들어지는지도 알게 됩니다. 이러한 방법은 자연스럽게 문법을 익히고 싶거나 글을 쓸 때도 도움이 됩니다.

요즘은 영어 신문을 구독하지 않아도, 원서를 구매하지 않아도, 영어로 읽을 수 있는 자료가 방대합니다. '읽기'라고 해서 꼭 영어 책만 읽을 필요도 없습니다. 저는 공부를 하다가 모르는 표현이 있거나 막히는 영어 문법이 있으면, 한국어로도 찾아보지만, 영어로도 검색해 봅니다. 영어로 영어를 설명하는 글을 읽으면서 배우는 게 많습니다.

영어 문법책의 시조새인 「그래머 인 유즈(Grammar in Use)」시리즈도 한글 번역본보다는 영어로 된 원서를 보라는 분이 많습니다. 한국어로 번역이 잘되었다 하더라도 영어 그대로 받아들이는 것보다 이해하기 힘들거나, 미묘한 뉘앙스 차이를 모를 때가 있기 때문입니다. 그래서 저는 정확한 의미 파악을 위해 영영 사전도 많이 이용합니다.

예를 들어 '당황하다'라는 단어를 영어로 알고 싶을 때, 한영사전을 이용하면 embarrassed가 먼저 뜹니다. 근데 embarrassed는 우리가 생각하는 그 '당황하다'라는 뜻이 아닙니다.

feeling ashamed or shy로 오히려 '창피하다', '부끄럽다'라는 뜻에 더 가깝지요. 영한사전이나 한영사전으로는 이런 차이를 확인할 수가 없습니다.

하지만 어떤 내용을 알고 싶어 영어로 검색했는데 내용을 이해할 수 없다면, 영한사전 또는 한영사전을 이용하거나 알고 싶은 정보를 한국어로 먼저 검색해 보는 것도 도움이 됩니다. 내용을 바로 이해할 수 있으니까요.

문법이나 영어 어휘뿐 아니라, 본인의 관심사도 영어로 검색해 보세요. 관심이 가는 책의 리뷰, 요즘 뜨는 이슈, 어려운 영화의 해석, 좋아하는 배우의 인터뷰 등 말입니다. 주제에 따라 차이는 있지만, 대개 영어로 검색했을 때 한국어보다 더 많고 다양한 글을 접할 수 있습니다. 영어로 된 논평을 읽으면 그 문화권 사람들의 생각 또한 엿볼 수 있고요.

이왕 영어 공부하는 거, 우리 한국어로 쓰인 책과 글만 참고하지 말아요. 영어로 된 매체를 적극적으로 활용해 보세요. 세상은 넓고, 정보는 방대합니다.

이번 챕터에서는 일반적인 원서 읽기뿐 아니라 번역서가 있는 원서와 영어로 된 글을 신박하게 읽는 방법도 말씀드리려 합니다. 요즘에는 다양한 기능을 제공하는 웹 브라우저가 많은데 크롬도 그중 하나입니다. 익스텐션(확장 프로그램)을 이용해 효율적으로 웹 이용을 할 수 있다는 장점이 있지요. 특정 익스텐션을 활용해 영어로 된 글을 더 효과적으로 읽을 수 있습니다.

제가 꾸준히 사용해 온 구글독스(구글 문서 도구) 사용법도 알려 드립니다. 어찌 보면 단순히 글을 쓰고 정리하는 문서 도구일 뿐이지만, 영어 공부를 할 때 활용하기 무척 좋답니다. 제가 구글독스로 어떻게 공부하는지 보여 드릴게요.

원서, 그냥 읽으면
섭섭하지

읽기 인풋을 생각하면 가장 먼저 떠오르는 것이 '원서 읽기'입니다. 그럼 어떤 원서를 골라야 할까요? 앞서 언어학자 스티븐 크라센(Stephen Krashen) 박사의 '이해할 수 있는 입력(i+1)'을 말씀드렸지요? 이는 학습자의 수준(i)보다 1만큼 난도가 높은 입력을 뜻했습니다. 즉, 현재 내 영어 수준보다 약간 높은 난도의 책으로 인풋을 해 줘야 영어 실력 향상에 도움이 됩니다.

그럼, 이제 원서를 살펴보겠습니다. 책을 펼쳤을 때 두 줄에 한 번씩 모르는 단어가 나온다면 어려운 책이고, 한 페이지에 모르는 단어가 거의 없다면 너무 쉬운 책입니다. 여러분의 수준보다 난도가 살짝 높은 원서로 읽기를 시작하세요.

모르는 단어는 다 찾아야 한다?

원서를 읽는데 모르는 표현이 나왔습니다. 여러분은 어떤 방식으로 책을 읽으시나요?

① 모르는 어휘가 나올 때마다 사전 검색
② 모르는 어휘가 나오면 체크만 하고 나중에 한꺼번에 검색
③ 어휘가 정리된 단어집을 이용해 원서를 읽기 전 미리 공부
④ 그 단어가 딱히 문장 이해를 방해하지 않는다면 검색 패스

저는 ④의 방법으로 책을 읽습니다. 영어 기사를 읽을 때는 ①과 ④의 방법을 적절히 섞어 읽고요. 원서와 달리 분량이 길지 않고 정보 제공을 목적으로 하는 기사는 특정 어휘를 모르면 내용 이해가 안 될 때가 있어서 ①의 방법을 섞어 읽습니다.

원서를 처음 읽었을 때는 ①의 방법으로만 책을 읽었는데 금세 지치더군요. 영화나 미드를 보는데 몇 분에 한 번씩 끊어서 본다고 생각해 보세요. 집중하지 못하고 흐름이 확 끊기지요. 원서도 그렇습니다. 계속 단어를 찾다 보면 흐름이 끊겨 원서 읽기에 방

해가 됩니다. 가장 이상적인 방법은 ③의 방법이지만, 모든 원서에 단어집이 있지는 않으니 못하는 경우가 더 많을 거예요. ②의 방법도 크게 흐름을 깨뜨리지 않고 어휘를 공부하는 방법이라고 생각합니다.

그런데도 저는 왜 ④의 방법을 택했을까요?

이 방법으로 원서를 읽어도 괜찮은 이유가 뭐라고 생각하나요?

언어에는 형용사와 부사가 있습니다. 다른 어휘를 꾸며 주는 요소지요. 문장을 풍성하게 만들어 주지만, 딱히 없어도 핵심을 이해하는 데 큰 방해가 되지는 않습니다. 그래서 저는 모르는 형용사, 부사가 문장에서 나오면 잘 찾아보지 않습니다.

수식어구도 마찬가지입니다. 수식어구는 표현을 더 분명하거나 풍성하게, 또는 효과적으로 전달할 수 있도록 넣습니다. 그러나 수식어구가 없어도 전체 문장의 핵심을 이해할 수 있다면 그 속에 나오는 모르는 단어를 따로 찾아보지 않습니다(다만, 수식어구가 꾸며 주는 대상이 잘 이해가 되지 않을 때는 수식어구를 잘 살펴봐야 합니다). 이렇게 읽으면 단어를 찾느라 끊기는 흐름의 빈도가 낮아집니다.

그렇다고 모든 형용사, 부사를 다 검색해 보지 않는 건 아닙니다. 몰라도 되는 단어라면 단어를 찾는 데 굳이 시간을 할애하지 않을 뿐입니다. 앞서 말씀드렸듯 형용사와 부사는 다른 어휘를 꾸며 줍니다. 본래 말하고자 하는 그 어휘(형용사 또는 부사가 수식하는 어휘)의 뜻을 안다면 꾸며 주는 형용사와 부사의 뜻을 몰라도 어떤 느낌인지 알 수 있기에 찾아보지 않는 겁니다. 자, 다음 문장을 한 번 볼까요?

The speaker was a plump woman who was talking to four boys, all with flaming red hair.

말하는 사람은 네 명의 소년들과 이야기를 나누는 통통한 여성이었다. 그 소년들은 모두 불타는 붉은 머리를 가졌다.

소설「Harry Potter and the Philosopher's Stone」중에서

위 문장에서 여러분이 plump와 flaming이라는 단어를 모른다고 가정해 봅시다. 이 형용사들은 각각 woman과 red hair를 꾸며 주고 있습니다. 이런 경우라면 저는 저 단어들을 찾아보지 않을 겁니다. 없어도 문장을 이해하는 데 전혀 문제가 없으니까요.

The speaker was a woman who was talking to four boys, (all with red hair).

말하는 사람은 네 명의 소년들과 이야기를 나누는 여성이었다(그 소년들은 모두 붉은 머리를 가졌다).

위 문장에서 all with red hair는 four boys를 꾸며 주는 수식어구입니다. 없어도 그만이지요. 형용사와 수식어구를 빼고 문장을 봐도 전체를 이해하는 데 큰 문제가 없습니다.

다른 예를 들어 볼까요?

Now the third brother was walking briskly towards the ticket barrier.

이제 세 번째 형제가 개찰구로 씩씩하게 걸어갔다.

소설 「Harry Potter and the Philosopher's Stone」 중에서

briskly라는 부사가 was walking을 수식하지요. 이 단어가 없어도 문장을 이해하는 데 전혀 문제가 없습니다. 위와 같이 없어도 문장을 이해할 수 있다면 모르는 단어라도 검색하는 데 시간을 쓰지 마세요. 시간을 낭비하고 흐름도 깨지니까요.

저는 동사를 모를 때 웬만하면 다 찾아보는 편입니다. 주어와 동사는 문장의 핵심이지요. 따라서 문장이 말하고자 하는 바를 알기 위해 동사를 아는 것은 필수라고 생각합니다. 명사는 '이 단어를 모르면 이 문장에서 말하는 핵심을 알 수 없다' 싶을 때 찾아봅니다. 또한, 별로 중요하지 않은 듯한 단어인데 몇 차례 반복되어 나올 때도 검색해 봅니다. 여러 번 반복되면 무슨 뜻인지 궁금하

거든요.

만약 한 페이지에 모르는 단어가 몇 개 없다면 다 찾아보는 것도 괜찮아요. 저는 흐름이 끊기는 게 싫어서 잘 안 찾아봅니다. 그러나 모르는 단어가 몇 개 없고 단어를 다 공부하며 읽는 편을 선호한다면 그렇게 하셔도 좋습니다. 자신에게 맞는 학습 방법으로 공부하세요.

모든 어휘를 완벽하게 알아야만 영어로 된 글을 읽을 수 있는 게 아니라는 사실만 기억하세요. 물론 어휘는 많이 알아 두면 좋습니다. 하지만 원서를 읽을 때 모든 단어를 공부해야 한다는 강박에서는 벗어나세요. 이해하지 않아도 되는 단어는 과감하게 지나쳐 보세요. 그러면 원서 읽기가 더는 '지치는 경험'이 아니라 '즐거운 과정'으로 변합니다. 한층 더 원서를 읽는 매력에 빠지실 거예요.

원서 읽기의 효율을 확 올려 주는 팁은 바로 오디오 북!

원서를 읽을 때, 방금 전 읽었던 문장으로 되돌아가 여러 번 읽었던 경험을 해 본 적 있나요? 저는 집중력이 떨어지거나 글 자체가 읽기 싫을 때 그렇게 되곤 합니다. 음독(낭독)할 때가 많아서 책 읽는 속도도 느린 편이고요.

이럴 때 효율적인 방법이 있습니다. 그건 바로 오디오 북을 활용하는 겁니다.

원서를 읽으면서 오디오 북을 함께 들어 본 적 있나요? 사실 눈으로 글 읽기가 귀로 오디오 북을 듣는 것보다 빠릅니다. 그런데 굳이 속도만 더 느려지게 저는 왜 오디오 북을 함께 들을까요? 이는 읽었던 문장으로 되돌아가서 같은 구절을 읽지 않기 위함입니다. 오디오 북은 어쨌든 소리를 내는 매체라 소리는 계속 책 내용을 따라 나아갈 수밖에 없습니다. 듣는 우리도 그에 맞추어 책을 읽게 되지요. 내용을 놓치지 않으려고 집중하게 됩니다.

여기서 잠깐! 집중을 높여 줄 한 가지 팁을 알려 드리겠습니다. 오디오 북의 속도를 빠르게 조절해서 들어 보세요. 평소 자신이 읽는 속도보다 조금 더 빠른 속도로 오디오 북을 들으면, 그 속도에 맞추어 책도 읽게 됩니다. 게다가 그 속도에 맞춰 읽어야 하다 보니 매우 집중하게 됩니다.

집중하면 시간이 어떻게 가는지도 모르게 빨리 흐르지요. 이렇게 책을 읽으면 독서 시간이 생각보다 많아지고, 평소보다 빠른 속도로 책을 읽을 수도 있습니다. 원서를 읽을 때 집중력이 자꾸 흐트러진다면 약간 빠른 속도로 오디오 북을 함께 들으면서 읽어 보세요.

번역서가 있는 원서 읽기, 내게는 어떤 방식이 맞을까?

원서 중에는 이미 한글 번역서가 있는 경우가 많습니다. 영어 학습자를 위해 번역본과 단어집이 함께 포함된 원서를 출간하기도 하지요. 저는 전자를 중급 이상 학습자에게, 후자를 초중급 학습자에게 추천합니다.

여러분이 초중급 학습자라면, 일일이 단어를 찾지 마세요. 일단 단어집을 먼저 보세요. 단어집이 제공되는 책들은 보통 챕터별로 단어가 정리되어 있으니 한 챕터씩 읽는 편이 좋습니다.

이때 단어를 완벽하게 외워야겠다고 생각하지 마세요. 그러면 원서 읽는 재미가 공부로 변질되어 읽기도 전에 흥미가 떨어질 수 있습니다. 그저 단어집의 단어를 몇 번 반복해서 쭉 훑어보는 일부터 시작하세요. 외우는 게 아니라, 익숙해지는 게 목적입니다.

단어가 어느 정도 익숙해졌다면, 원서 말고 번역된 부분을 먼저 읽으세요. 앞서 '듣기' 챕터에서 초중급 학습자는 미드나 영화를 볼 때 한국어 자막으로 먼저 보며 내용 이해를 하라고 말씀드렸지요? 원서 읽기도 이와 같습니다. 원서를 읽기 전에 어떤 내용인지 번역본을 통해 내용 숙지를 하는 겁니다. 내용을 알고 영어를 보면, 읽었을 때 내가 모르는 어휘가 있어도 그 단어의 뜻을 쉽게 유추할 수 있어요. 이미 단어집을 훑어봐서 어휘에 익숙하기도 하고요. 번역본을 먼저 보고 내용을 파악했으니 단어의 뜻을 외우지 않았어도 뜻 유추가 쉬워집니다.

　초중급 학습자는 도중에 모르는 단어가 나올 때마다 계속 찾아보기보다는 원서를 쭉쭉 읽어 나가세요. 그게 더 중요합니다. 원서를 읽었다는 성취감으로 영어에 자신감이 생기고, 원서 읽기에 더 많은 흥미를 갖게 됩니다. 잊지 마세요. 공부한다는 생각보다는 흥미가 먼저여야 합니다.

　중급 이상 학습자는 평소 원서를 읽을 때처럼 쭉 읽으면서 어휘, 문장 구조 등을 공부하세요. 번역서는 해석으로만 사용하셔도 괜찮습니다. 자신이 한 해석과 번역서와의 차이를 확인하는 재미도 느낄 수 있어요. '이건 이렇게 번역했구나', '저건 저렇게 표현했구나!'처럼요.

원서 읽기 끝판왕, 원서 역번역하기

영어 공부할 때 우리는 주로 영어로 된 글을 읽으며 한국어로 번역하지요. 저는 조금 더 적극적인 학습 방법으로 '역번역'을 추천합니다. 말 그대로 역으로 번역하는 겁니다.

　이때 모든 문장을 다 해 볼 필요는 없습니다. 여러분이 쓸 듯한 표현, 여러분에게 쓸모 있을 표현 위주로 골라내세요. 좋아하는 문장도 좋습니다. 그런 뒤 한국어에서 영어로 역번역을 하는 겁니다. 회화 위주로 공부하고 싶은 분은 대화문을 역번역해 보세요.

한 예로, 저는 번역서(「아주 작은 습관의 힘」)가 있는 원서 「Atomic Habits」를 골라 봤습니다.

자신의 강점을 깨달으면 어디에 시간과 에너지를 써야 할지 알게 된다.

「아주 작은 습관의 힘」 중에서

저는 이 문구를 보고, 다음과 같이 역번역해 보았습니다.

When you realize your strengths, you figure out where you should spend your time and energy.

그럼 번역서 「아주 작은 습관의 힘」의 원서 「Atomic Habits」에는 어떻게 쓰여 있을까요?

Once we realize our strengths, we know where to spend our time and energy.

원서 「Atomic Habits」 중에서

이렇게 내가 만든 문장과 원서의 문장을 비교해 보면, 무엇이 다른지, 내가 쓴 표현과 달리 원어민은 어떻게 표현하는지, 어디가 어떻게 틀렸는지 등을 확인할 수 있습니다. 이 과정을 거친 뒤 영어 원문을 보면 '아하!' 하는 순간이 많이 옵니다. 내가 번역한 문장과 원문을 비교하면서 많이 배울 수 있습니다.

똑똑하게
영어 기사 읽기

저는 인터넷에서 자주 영어로 정보를 찾아 읽습니다. 관심 기사나 원하는 정보를 얻고자 할 때는 구글에서 영어로 종종 검색해 봅니다. 한국에서는 잘 접할 수 없는 해외 이슈, 한국어로 검색했을 때 많지 않았던 정보, 특정 소식도 더 자세하고 더 정확히 찾을 수 있기 때문입니다.

영어를 알면 더 많고 다양한 정보를 얻을 수 있다고들 하지요. 영어를 수단으로 사용하면, 한국 웹 사이트에서뿐만 아니라 영어권 웹 사이트에서도 다양한 고급 정보를 검색할 수 있습니다. 그래서 저는 영어 기사나 사설을 종종 읽습니다. 특히 A.I.(Artificial Intelligence)나 머신 러닝(Machine Learning)에 관심이 많아 자주 찾아보는 편입니다. 딱히 특정 기사 사이트에서만 글을 찾아 읽지는 않습니다. 저는 주로 구글에서 관심 키워드(예: machine learning trends 2021, vaccine korea news 등)를 검색해 나온 글을 읽습니다.

이 외에, 따로 영문 기사를 찾지 않아도 최근 트렌드 기사를 모아 핵심만 간추려 놓은 사이트 「The Week - Daily briefing」 (http://theweek.com/10 things)도 이용합니다. 자신의 관심 주제에만 편향하지 않고 다양한 분야의 기사를 볼 수 있다는 장점이 있습니다. 여러 기사를 한 문단 분량으로 짧게 요약해 놓아 영어 공부하기에도 좋습니다.

기사를 읽고 단어를 찾는 데서 그치지 말고, 필사나 요약이라는 쓰기 수단도 병행하면 영어 실력 향상의 부스터가 될 것입니다.

영문 기사나 사설로 영어를 공부하면 좋은 이유

최근의 영문 기사나 사설을 읽으면 사람들의 입에 자주 오르내리는 최신 이슈를 영어로 접하게 됩니다. 전 세계와 미국의 정치, 경제, 사회, 문화 이슈를 알 수 있고, 요즘 쓰는 어휘를 접할 수 있습니다. 그래서 공부한 어휘의 실용성 면에서 좋습니다. 정보 제공을 목적으로 하는 글이기에 잘 쓰이기도 했고요.

특히나 사설은 문법적으로나 내용으로나 잘 쓰였습니다. 어떠한 주제를 보는 자신의 의견이 들어가 있고, 그 견해나 주장에 논리적인 근거를 제시하며 이야기를 이끌어 갑니다. 사설을 꾸준히 읽으면 주요 이슈를 제대로 인식할 수 있을뿐더러 논리적인 글을 쓸 때도 도움이 됩니다.

더불어 인터넷에 자료가 방대하니 읽을거리가 풍부하다는 장점도 있습니다. 비슷한 부류의 글을 다양하게 읽어 볼 수 있지요. 한 글을 여러 번 읽는 것도 물론 도움이 되지만, 비슷한 내용의 글을 여러 개 읽으면서 얻는 지식의 효과도 큽니다.

작가 조승연 씨는 자신의 유튜브 채널에서 하나의 책을 반복해서 읽지 않는다고 말한 적이 있습니다. 대신 책 내용을 잘 기억하기 위해 같은 분야의 책을 여러 권 읽는다고 합니다. 그는 이 방법이 한 책을 여러 번 읽는 것과 같은 효과를 낸다고 말합니다. 게다가 똑같은 이야기를 여러 명의 이야기로 들은 덕분에 여러 관점의 지식을 얻게 되는 거죠.

이는 영문 기사나 사설에서도 통한다고 생각합니다. 당장 인터넷에 'AI Trends'라고만 검색해도 많은 양의 결과를 확인할 수 있습니다. 같은 분야, 비슷한 종류의 글을 다양하게 읽어 볼 수 있으니 영어 공부 학습 자료로 좋지 않겠어요?

물론 처음에는 어려운 단어와 문장 구조 때문에 학습에 어려움을 겪을 수 있습니다. 하지만 특정 주제와 관련된 글을 많이 읽다 보면 같거나 비슷한 어휘를 자주 접하게 됩니다. 아는 표현이 점점 많아지면서 글도 점점 빠르게 읽을 수 있을 뿐 아니라 원하던 정보도 알게 되니 일석이조입니다.

영문 기사나 사설의 어휘는 다 찾아보는 게 좋을까?

앞서 저는 원서를 읽을 때 모르는 어휘가 문장 이해를 방해하지 않는다면 검색하지 않는다고 했습니다. 그러면서 정보 제공을 목적으로 하는 기사는 모르는 어휘가 나올 때마다 검색하는 방법을 섞어 읽는다고 했습니다.

기사나 사설은 책처럼 긴 호흡으로 이루어진 글이 아닙니다. 문단마다 핵심을 쉽게 찾을 수 있고 정보성 글이라 명료합니다. 그러니 기사·사설에 나오는, 정보의 핵심을 알려면 모르는 어휘를 검색해 가며 읽어야 합니다. 정보 습득 외에 고급 어휘의 양을 늘리고 싶다면 모르는 어휘는 공부하고 정리해야 합니다. 특히 사설은 보통 내용이 어려우므로 단어의 뜻을 찾은 뒤 어떻게 쓰이는 어휘인지 예문도 함께 찾아 보는 편이 좋습니다.

저는 구글독스에 기사·사설을 옮겨 와 읽습니다. 구글독스에는 코멘트 기능이 있는데, 이 기능을 이용해 모르는 어휘를 정리합니다. 이렇게 하면 나중에 코멘트만 모아 보면 되어 공부한 어휘를 복습하기 편합니다. 특히 휴대전화의 구글독스 앱을 사용하면 손쉽게 코멘트만 모아 볼 수 있습니다(앱의 '코멘트' 아이콘 터치). 굳이 해당 사설이나 기사를 다시 읽지 않고, 공부한 어휘만 확인하고 싶을 때 활용해 보세요. 또는 앞서 소개한 앙키(ANKI)에 카드를 만들어 넣어 활용하는 방법도 있습니다.

기사와 사설이 너무 어려워 공부를 꾸준히 하기 힘드나요?

기사와 사설은 일상 대화문과 비교하면 어려운 것이 사실입니다. 관심 분야의 글이 아니라면 지루하기도 하지요. 그래서 기사로 영어 공부를 하는 것은 중급 이상 학습자들에게 적합합니다. 하지만 학습 수준별로 기사를 제공하는 사이트(https://learningenglish. voanews.com)도 있으니, 기사나 사설의 내용이 너무 어려워 시도할 엄두가 나지 않는다면 이런 사이트를 활용해 보세요.

어려워도 자신의 관심 분야라면 꾸준히 읽을 힘이 생깁니다. 단어를 열심히 찾아 가며 공부하게 되지요. 하지만 그렇다고 해서 모든 문장 해석이 쉬워지는 것은 아닙니다. 단어를 모를 때와 비교하면 당연히 단어를 아는 쪽이 문장을 이해하기 수월합니다. 하지만 문장의 구조, 길이에 따라 해석에 어려움을 겪기도 합니다. 특히 사설은 고급 어휘가 많이 나오며 긴 문장도 자주 등장합니다. 대신, 고급 어휘를 공부할 수 있고, 잘 쓴 글을 보며 문장 형식을 배울 수도 있지요.

이러한 이유로 사설로 공부를 지속하고 싶거나, 해석이 잘 안 돼서 답답할 때 번역기를 활용해 보세요. 전체적으로 맥락을 확인하는 겁니다. 번역기가 항상 올바른 해석을 보여 주는 것은 아니니 그 결과를 맹신해서는 안 되지만, 전체적인 내용 흐름을 파악하기에는 좋습니다. 대충이라도 알고 읽으면 아무것도 모르고 읽을 때와 이해도와 속도 면에서 차이가 있습니다. 이렇게 대충 내용을 확인한 후에 영어 원문을 다시 읽어 보세요. 처음보다는 수월하게 읽을 수 있을 겁니다.

크롬 익스텐션으로 똑똑하게 영어 기사 읽기

인터넷으로 영어 기사를 읽을 때 영어 공부를 보다 효과적으로 할 수 있는 방법을 알려 드릴게요. 보통은 뉴스 사이트에서 글을 읽으며 사전에 단어를 찾아보는 게 다일 겁니다. 그냥 읽고 마는 글이라면 상관없지만, '기사를 내 영어 공부에 활용하고 싶다'라고 생각한다면 그냥 읽는 것만으로는 안 됩니다. 단어를 찾아 하이라이트를 칠하고, 뜻을 메모하는 것은 물론이고, 관련 내용을 덧붙이거나, 문법적으로 이해가 안 되는 부분을 정리하고, 헷갈리는 부분은 이해하기 쉽도록 적어 놓아야 합니다. 손으로 다 써 가며 해도 되지만 똑똑하고 효율적인 방법으로 크롬 익스텐션을 사용하면 편합니다. 특히 단어를 편하게 검색할 수 있는 네이버 영어 사전 크롬 익스텐션과 기사를 읽으면서 중요 표시를 할 수 있게 하는 Weava Highlighter 크롬 익스텐션을 추천합니다. 크롬 익스텐션 설치 방법은 부록②(163p)를 참고해 주세요.

네이버 영어 사전과 Weava로 영어 기사 읽기

네이버 사전 익스텐션을 사용하면 기사를 읽을 때 모르는 단어의 뜻을 쉽게 확인할 수 있습니다.

실제 '네이버 사전' 익스텐션 이용 화면

출처 : https://news.harvard.edu/gazette/story/2020/12/are-humans-really-the-best-role-models-for-a-robot/

예를 들어, 기사를 읽다가 fraught라는 단어의 뜻을 알고 싶을 때, '더블 클릭' 하여 fraught를 블록으로 잡아 줍니다. 그러면 자동으로 오른쪽 상단에 단어의 뜻이 나타납니다. 이때 키보드 A를 누르면 fraught의 발음을 들을 수 있습니다.

'네이버 영어 사전' 단축키 사용 방법

❶ '네이버 영어 사전' 익스텐션을 클릭하면 팝업창이 뜹니다. 이때 '설정'을 눌러서 여러분의 기호에 맞게 설정할 수 있습니다. 특히 단축키를 이용해 발음 듣기가 가능하도록 하고 싶다면, '단축키 사용하기'를 체크해 줍니다.

❷ 더블 클릭 외에, 드래그를 했을 때도 사전이 뜨도록 설정할 수 있습니다. 예를 들어, 글을 읽다가 artificial intelligence(단어와 단어 사이에 띄어쓰기가 있음)의 뜻을 찾고자 할 때, 더블 클릭하면 한 단어밖에 선택되지 않습니다.

하지만 설정에서 '단어를 드래그했을 때에도 검색하기'를 체크하면 artificial intelligence 같은 단어도 드래그로 사전을 띄울 수 있습니다.

① 더블 클릭을 했을 때   ② 드래그를 했을 때

Weava를 사용하면 기사를 읽을 때 중요 문장이나 다시 봐야 하는 문장에 하이라이트 색을 칠하고 복습할 수 있습니다. 이 외에도 메모할 수 있는 기능이 있으니, 모르는 단어의 뜻을 찾아 함께 적어 보세요.

실제 Weave Highlighter 익스텐션 이용 화면

imagine a robot trained to think, respond, and behave using you as a model. Now imagine it assuming one of your roles in life, at home or perhaps at work. Would you trust it to do the right thing in a morally fraught situation?

That's a question worth pondering as artificial intelligence ... ...es part of our everyday lives, from helping us navigate city stre... ... or song we might enjoy — services that have gotten more use in this era of social distancing. It's playing an even larger cultural role with its use in systems for elections, policing, and health care.

출처: https://news.harvard.edu/gazette/story/2020/12/are-humans-really-the-best-role-models-for-a-robot/

예를 들어, 기사를 읽다가 Would you trust it to do the right thing in a morally fraught situation?에 노란색 하이라이트를 표시하고 싶다면, 그 부분을 드래그해 하이라이트 도구창의 노란색 버튼을 클릭하면 노랗게 하이라이트가 표시됩니다.

• 영어 기사/뉴스/논문 효율적으로 읽는 공부 방법
QR 코드: https://youtu.be/M7HAwc9QrLo

네이버 영어 사전과 Weava 익스텐션 제대로 활용하기

❶ 이번엔 모르는 단어의 뜻을 메모해 볼까요? ponder를 모른다고 해 봅시다. pondering을 더블 클릭 합니다. 앞서 '네이버 영어 사전' 익스텐션을 설치했기에 더블 클릭하면 오른쪽 위에 단어의 뜻이 나타납니다. 'Weava Highlighter' 익스텐션도 설치되어 있어 블록 잡힌 단어 밑에 하이라이트 도구창도 함께 뜹니다.

출처 : https://news.harvard.edu/gazette/story/2020/12/are-humans-really-the-best-role-models-for-a-robot/

❷ 네이버 사전의 내용을 드래그해서 복사(Ctrl + C)합니다.

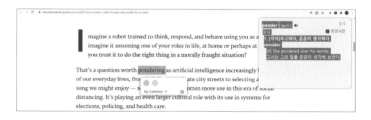

❸ 단어 pondering에 원하는 하이라이트 색을 칠해 줍니다.

❹ 하이라이트 처리된 단어를 클릭하면, 메모를 할 수 있는 창이 나타납니다.

❺ 이때 앞서 복사한 내용을 붙여 넣기(Ctrl + V) 합니다.

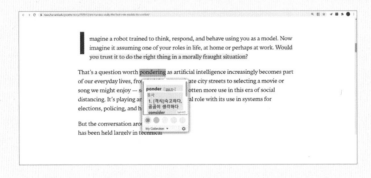

❻ 이걸로 끝이 아닙니다. 틈틈이 Weava 대시보드(https://www.weavatools.com/app/dashboard)로 가서 체크해 두었던 하이라이트를 확인하거나, 오른쪽 위 Weava 익스텐션 아이콘을 클릭하여 하이라이트한 내용을 복습해 주세요.

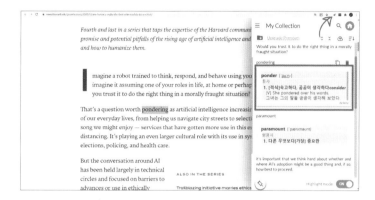

이때 메모한 내용을 수정할 수도 있습니다. 예를 들어, 영영 사전에서 ponder의 뜻을 검색해 추가하거나, 단어 쓰임을 더 잘 알기 위해 예문을 더할 수도 있습니다.

구글독스로 똑똑하게 영어 기사 읽기

저는 악필인 데다가 펜을 오래 쥐고 있지 못합니다. 그래서 손으로 글을 쓰면서 공부하는 일이 거의 없습니다. 그럼 그냥 듣기만 하고 읽기만 하는 걸까요? 그렇지는 않습니다. 읽으면서 제 생각을 쓰기도 하고, 기사를 읽으며 필요한 문법 내용을 추가하기도 합니다. 글을 쓰지 않는데 내용을 추가한다니 이상하지요. 저는 손으로 글을 쓰지 않을 뿐, 컴퓨터를 이용해 글을 추가합니다. 더 자세히 말하면 '구글독스(https://docs.google.com)'를 활용해 공부합니다.

• 구글독스
QR 코드 : https://docs.google.com

마이크로소프트 워드(Microsoft Word)처럼 구글은 구글 문서 도구인 '구글독스' 기능을 제공합니다. 구글 드라이브 내에 문서를 작성할 수 있도록 워드 기능이 들어 있는 툴(tool)인데, 워드와 기능이 거의 같습니다. 웹 베이스라 작성한 파일을 USB에 넣어 다니지 않아도 되고, 꼭 PC로 내용을 확인할 필요도 없습니다. 인터넷이 되는 곳 어디서든 휴대전화 하나만 있으면(물론 태블릿이나 아이패드도 가능합니다) '구글 드라이브' 앱이나 '구글독스' 앱(플레이 스토어에서 '구글독스'로 검색하면 'Google 문서'가 나옵니다. 이하 '구글독스'라고 부르겠습니다)을 통해 공부한 내용을 확인할 수 있습니다.

앞서 Weava Highlighter를 소개해 드렸는데요. 이 기능은 아쉽게도 안드로이드폰 유저들은 사용할 수 없습니다(아이폰 유저라면 앱 스토어에서 'Weava App'으로 검색하면 됩니다). 저는 안드로이드폰을 쓰고 있어서 공부했던 내용(하이라이트, 메모)을 복습하려면 크롬이 설치된 PC를 이용해야만 합니다. 그래서 저는 안드로이드폰에서도 하이라이트와 메모를 확인할 수 있는 구글독스를 활용합니다.

저는 핵심 문장 또는 내가 쓰고 싶은 표현에 하이라이트 칠하기, 헷갈리는 부분 정리하기, 모르는 내용 공부해서 첨부하기, 모르는 단어에 코멘트 넣기 등등 다양한 방법으로 구글독스를 활용하고 있습니다. 여러분도 제 방법을 참고해 자신만의 방식으로 구글독스를 활용해 보세요.

헷갈리는 부분 정리하기

핵심 문장이나 외우고 싶은 표현에는 하이라이트를 칠하고 모르는 표현에 코멘트를 달아 줍니다. 문장이 너무 길어 헷갈린다면 다른 색으로 정리한 뒤 헷갈리는 부분을 분석합니다.

At the same time, suicidal leanings are by no means an inevitable consequence of being transgender. A study published last year in the journal *Pediatrics* shows that **transgender youth**(a collective noun) who have(관.대v-복수) received the support of their families and communities through their transitions / suffer(진짜v-복수) no greater rates of depression than does(v-단수) **the general population**(a collective noun / 비교 than 뒤에 도치). In other words, if trans kids and teens are not made to feel isolated—if they are not singled out as different—they have every chance of doing just fine, or at least as well as any other teen-age kid.

출처: https://www.newyorker.com/news/news-desk/betsy-devoss-spineless-transgender-bathroom-politics

[기사 내용]

동시에, 자살 성향이 결코 트랜스젠더의 피할 수 없는 결과는 아니다. 작년 「Pediatrics」 저널에 실린 연구에 따르면, 가족과 지역 사회의 지지를 받아 온 트랜스젠더 청소년들은 일반 대중보다 더 큰 우울증을 겪지 않는다. 다시 말해, 트랜스젠더 아이들과 청소년들이 고립된 듯한 느낌을 받지 않는다면(그들이 다르다고 지목받지 않는다면), 그들은 잘할 수 있는 모든 기회를 가지거나 다른 10대 아이들만큼 잘할 수 있다.

위 기사의 문단은 총 세 문장으로 이루어져 있습니다. 두 번째 문장과 세 번째 문장이 상당히 깁니다. 특히 두 번째 문장은 동사가 많아 문장을 해석할 때 헷갈릴 수 있습니다. 그래서 이해하기 쉽도록 더 정리했습니다.

A study published last year in the journal *Pediatrics* shows that transgender youth(a collective noun) who have(관.대v - 복수) received the support of their families

and communities through their transitions / suffer(진짜
v - 복수) no greater rates of depression than does(v - 단수)
the general population(a collective noun / 비교 than 뒤
에 도치).

두 번째 문장의 주어와 동사는 A study(주어), shows(동사)입
니다. '연구가 OOO을 보여 준다'는 의미로, 이 OOO에 해당하는
부분이 that이 이끄는 목적어절입니다. 이 목적어절 안에 who가
이끄는 주격 관계대명사절이 있습니다. 절이 여러 개다 보니 한
문장 안에 동사도 여러 개 나옵니다. 헷갈리지 않도록 본동사와
목적어절 안의 진짜 동사를 찾고, 주격 관계대명사절의 동사 또한
체크합니다. 추가적으로 참고했으면 하는 내용을 함께 적습니다
(예: a collective noun, 비교 than 뒤에 도치 등).

모르는 내용 공부해서 첨부하기

기사를 구글독스에 옮겨 와 읽으면서 영어 공부도 하지만, 사회
공부도 같이 하게 됩니다. 특히나 몰랐던 내용의 글을 읽을 때는
배경이 되는 내용을 한글이나 영어로 찾아서 읽습니다. 단일의 글
을 읽을 때보다 내용 이해도가 올라가기 때문입니다.

저는 「Canada's Polite and Diffident Independence Celebration(캐나다의 공손하고 조심스러운 독립 기념행사)」기사를 읽으며 왜 '공손하고 조심스러운 독립 기념행사'인지를 알기 위해 퀘벡 관련 글을 찾아 읽었습니다. 단순히 기사 하나를 보고 끝내는 것이 아니라, 기사 내용의 이해도를 높이기 위해 추가 정보를 참고한 것이죠. 이를 통해 잘 몰랐던 '캐나다 퀘벡주의 분리 독립'을 공부하는 계기가 되었습니다.

모르는 단어에 코멘트 넣기

기사를 읽다 보면 모르는 단어와 마주하게 됩니다. 재미를 위해 읽는 원서와 달리, 기사는 정보를 얻으려고 읽기에 저는 모르는 단어를 대부분 찾아보는 편입니다(문장 이해를 방해하지 않는다면 패스하기도 합니다). 이때 모르는 단어를 찾아만 보고 마는 것이 아니라 구글독스에서 제공하는 코멘트 기능을 활용해 적어 넣습니다.

실제로 구글독스를 사용한 예 ❸

McLachlan is part of Extinction Rebe**l**lion, the climate group best known for <u>shutting down main arteries in London last April</u>. Here in New York City, steeped in the subway din, McLachlan delivers a crushing litany of food shortages, forest fires, more and bigger storms. He wants to scare his listeners, wake them up. Mostly, he says, he wants them to connect with one another.

- https://www.climatechangenews.com/2019/08/14/offshoot-extinction-rebellion-calls-vegan-revolution/
  The last action of Extinction Rebellion in April saw over 1,000 people arrested, after activists occupied and parked pink boats and trucks in **London's arteries, including Oxford Circus, Waterloo Bridge and Parliament Square**.

출처 : https://www.npr.org/2019/09/27/764677356/subway-proselytizer-preaches-climate-emergency-trains-others-to-spread-their-mes

[기사 내용]
McLachlan은 지난 4월 런던의 주요 도로를 폐쇄한 일로 가장 잘 알려진 기후 단체 'Extinction Rebellion(멸종 반란군)'의 일원이다. 여기 뉴욕 시티에서 지하철 소음에 둘러싸인 채, McLachlan은 식량 부족, 산불, 점점 더 커지는 폭풍의 참담함을 전한다. 그는 자신의 이야기가 듣는 사람들을 겁줘서 이 사태에 그들이 깨어 있기를 바란다. 그리고 그들이 서로 연결되기를 바란다고 말한다.

위에서 단어 Rebellion을 보면 특정 문자(bel)가 굵게 표시되어 있습니다. 이는 제가 기사를 낭독할 때 강세를 제대로 발음하기 위한 것으로, 강세 부분에 굵은(bold) 표시를 합니다.

구글독스의 코멘트 기능 사용하기

구글독스에는 코멘트 기능이 있어 모르는 단어의 뜻을 적어 넣거나 사이드에 내용을 추가할 때 아주 좋습니다.

❶ 코멘트를 추가한 부분에는 노란색으로 하이라이트가 칠해집니다. 오른쪽 코멘트 란에 보면 굵게 표시된 부분이 있습니다. 본문과 달리 코멘트 란에 색을 입히거나, 하이라이트를 칠할 수 없습니다. 그래서 코멘트가 길면 나중에 읽을 때 핵심을 찾는 데 시간이 걸릴 수밖에 없지요. 다행히도, 코멘트 란에서는 특정 기능을 사용할 수 있습니다.

❷ 코멘트를 달고 싶은 단어에 드래그합니다. 그러면 오른쪽에 Add comment 버튼이 나타납니다. 이를 눌러서 코멘트를 추가할 수 있습니다.

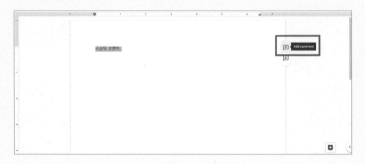

❸ 코멘트 추가 버튼이 나타나지 않는다면 Insert 메뉴를 이용하거나, 단축키 Ctrl + Alt + M을 이용해 추가할 수도 있습니다.

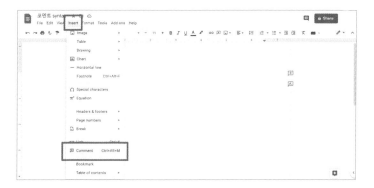

❹ 코멘트 추가 버튼을 누르면 오른쪽에 코멘트를 입력할 수 있는 창이 나타납니다.

❺ 이때, 특수 문자를 사용하면 글자를 굵게, 기울기(이탤릭)로, 취소선을 포함해서 나타낼 수 있습니다.

굵게 → **굵게**

기울기 → *기울기*

-취소선- → ~~취소선~~

위 3가지로 코멘트를 더 돋보이게 할 수 있습니다.

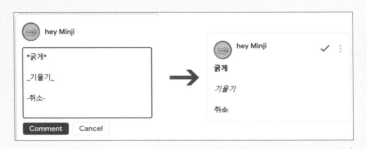

⇩

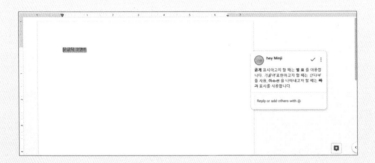

※ 단, 이때 주의할 점이 있습니다. 영어는 단어마다 띄어쓰기를 하지만, 한국어에는 조사가 있어서 단어와 조사가 붙어 있습니다. 위와 같은 기능(*OOO*, _OOO_, -OOO-)을 사용할 때는 앞뒤로 띄어쓰기해야 합니다.

    ex) Hello, *my name* is Minji. (O)

       안녕, 내 *이름* 은 민지야. (O)

       ※ 안녕, 내 *이름*은 민지야. (X)

       '름'과 '은' 사이를 띄어서 써야 '이름'이 굵게 표시됩니다.

• 영문 기사 공부 방법 | 구글독스로 효과적이게!

  QR 코드: https://youtu.be/e3AuCaxSq2E

'네이버 영어 사전'과 'Weava Highlighter' 설치 방법

❶ 구글에 '크롬 익스텐션'으로 검색합니다('크롬 확장 프로그램' '크롬 웹 스토어' 등으로 검색하셔도 됩니다). 검색 결과로 나온 사이트 중 상단에 있는 'Chrome 웹 스토어'에 접속합니다.

❷ 'Chrome 웹 스토어' 사이트에서 스토어 검색란에 '네이버 영어 사전'과 'Weava'를 각각 검색하면 '확장 프로그램'에 '네이버 영어 사전'과 'Weava Highlighter'가 뜹니다. 해당 아이콘을 클릭하고 'Chrome에 추가'하면 설치 완료입니다.

※ Weava Highlighter는 사용 목적에 따라 유료 결제해서 사용해도 되지만, 무료 기능만으로도 충분합니다.

chapter 03

쓰기,
요리처럼 비법이 많답니다

읽는 것만큼 쓰는 것을 통해서도 많이 배운다.

Learn as much by writing as by reading.

존 달버그 액튼 John Dalberg-Acton, 영국의 역사가이자 정치가

글쓰기에서
턱 막힌다고요?

아웃풋이 되려면 인풋이 꼭 필요합니다. 들어온 게 없는데 나가는 게 있을 리 없으니까요.

능동적인 '듣기'와 '읽기'로 충분한 인풋을 쌓았다면, 이제 인풋과 아웃풋을 동시에 하면 됩니다. 많이 쓰고, 많이 말하는 게 좋다고는 하지만, 아는 게 없으면 쓸 수도, 말할 수도 없습니다. 지식 쌓기는 꾸준히 계속하세요. 아웃풋을 한다고 해서 인풋을 멈추면 안 됩니다.

우리가 아웃풋으로 가장 먼저 하는 것은 '말하기'보다 '쓰기'입니다. 말하기는 오래 생각할 여유가 없이 바로바로 말해야 한다는 부담감이 있지만, 쓰기는 말하기와 비교했을 때 쓸 문장을 충분히 생각할 시간이 있습니다. 다시 말해, 여유를 두고 공부한 내용을 아웃풋 할 수 있습니다.

그래도 쓰기가 막막한 건 어쩔 수 없습니다. 내가 맞는 문장을 제대로 썼는지도 모르겠고, 늘 돈을 내서 첨삭 서비스를 받을 수도 없으니까요. 그래서 이번 챕터에서는 공부한 내용을 '쓰기'로 아웃풋 하는 다섯 가지 방법과 이를 잘할 수 있도록 도와줄 툴 (tools)을 소개할 겁니다.

이번 챕터에 실린 내용은 다음과 같습니다. '필사', '영어 기사 요약', '나만의 문장 만들기', '독후감 쓰기', '영어 일기 쓰기', '작문 할 때 도움이 되는 툴'. '필사'에서부터 '영어 일기 쓰기'까지의 과정을 보면, 단순히 '베끼는 작업'에서 '내 생각'을 쓰는 순서입니다.

문법을 배우고 단어를 외워도 바로 문장을 만들기는 힘들 거예요. 그럴 때 필사부터 하길 권합니다. 문장을 베끼면서 문장 구조를 알아 가는 것이죠. 그다음에는 영어로 된 기사나 글을 문단별로 짧게 간추려 봅니다. 이 작업을 '요약'이라고 합니다. 완전히 새로운 문장을 만드는 것이 아닙니다. 이미 주어진 문장과 단어들을 이용해 원문과 비슷한 문장을 쓰는 것입니다.

어찌 보면 '필사'와 '기사 요약'은 아웃풋보다 인풋에 가깝습니다. 쓰는 과정이기는 하지만, 내용을 머릿속에 넣어 가며 그것을 바로바로 꺼내 쓰는 일이니까요. 세 번째 과정인 '나만의 문장 만들기'부터가 본격적인 아웃풋이라 할 수 있습니다.

회화 실력은 내가 쓸 표현을 공부해야 늡니다. 토익 점수가 높아도 말을 잘할 수 없는 이유는 '내가 말하고 싶은 문장'을 공부하지 않아서입니다. 반대로 말하면, 영어 회화를 잘한다고 해서 토익 점수가 무조건 높지도 않지요(물론 둘 다 잘하는 영어 능력자도 많습니다). 여기서 '나만의 문장을 만든다'라는 의미는 공부한 표현으로 내가 특정 상황에 쓸 예문을 만드는 거예요.

내가 말하고 싶은 문장들을 만들고 외우다 보면 작문을 어느 정도 할 수 있는 실력이 되었을 겁니다. 이쯤 되면 원서를 읽고 독후감을 써 보세요. 꼭 길거나 어려운 책일 필요는 없습니다. 동화여도, 짧은 책이어도 좋습니다. 책을 다 읽은 뒤에 느낀 점이나 내용을 쭉 써 보세요.

나만의 예문을 만들 때는 공부한 표현을 이용하고, 독후감을 쓸 때는 읽은 책 내용과 책에서 본 표현을 토대로 씁니다. 마지막으로 '영어 일기 쓰기'는 참고할 정보 없이 내 생각을 풀어 써야 합니다. 그동안 인풋이 없었다면 늘 단조롭고 쉬운 문장으로 작문을 할 테고, 인풋이 많았다면 다양한 표현으로 다채로운 일기를 쓸 수 있을 겁니다.

저는 필사와 나만의 예문을 만드는 방법이 가장 도움이 많이 되었습니다. 소개해 드릴 다섯 가지 방법에서 여러분에게 잘 맞는 것을 골라 꾸준히 아웃풋 해 보세요.

헤이민지만의
영어 필사 원칙

필사는 손으로 베껴 쓰는 일을 말합니다. 책이든, 기사든, 글을 손으로 베껴 쓰다 보면 당연히 느리게 읽게 됩니다. 눈으로 훑고 지나가기보다 글자 하나하나 따라 쓰니 글을 깊이 있게 읽을 수 있습니다. 단, 집중해서 글을 읽고 써야겠지요. '나는 읽는다, 고로 쓴다'라는 마인드로 다른 생각을 하며 베껴 쓰면 전혀 도움이 되지 않습니다.

저는 사실 한국어를 필사해 본 적이 없습니다. 처음 시도한 필사가 영어였어요. 그래서 국내 도서나 한글로 쓰인 좋은 글을 필사할 때 얻을 수 있는 효과는 경험해 본 적이 없습니다(심신 안정 이나 맞춤법 교정 훈련 등). 하지만 영어 실력 향상에는 많은 도움 을 받았어요.

읽고 쓰면 어휘력이 느는 것이 당연합니다. 그럼 왜 필사 를 하면 문장 구성력이 좋아질까요? 문장 구조를 이해하게 되 기 때문입니다. 많은 문장을 읽고 베끼다 보면 주어 다음에는 동사, 동사 다음에는 목적어나 보어가 나온다는 사실을 자연스 럽게 인식하게 됩니다. 또한, 문장을 확장할 때 나오는 관계대 명사 등 문장을 구성하는 요소도 알게 되고 세미콜론(;), 콜론 (:), 하이픈(-), 대시(—) 등을 어떻게 사용하는지도 익힐 수 있습 니다.

그럼 제 필사 방법을 말씀드릴게요. 보통 필사를 할 때는 왼쪽 에는 베낄 자료를, 오른쪽에는 노트를 두고 눈으로 문장을 보면서 필사합니다. 하지만 저는 손으로 필사하지도, 원문을 '보면서' 필 사하지도 않습니다.

제 필사에는 두 가지 원칙이 있습니다.

하나, 손으로 베끼지 않는다

'필사를 손으로 직접 써 가며 하는 것이 좋은가?'

'컴퓨터 키보드로 치면서 필사를 해도 되나?'

이런 생각을 해 보신 적 없으신가요? 제가 처음 시작할 때 그랬습니다.

필사 자료를 찾아보면 많은 분이 손으로 필사하기를 추천합니다. 첫째는 스트레스 해소에 도움이 되어 심신 안정에 좋기 때문이고, 둘째는 더 천천히 읽을 수 있어서입니다. 손으로 쓰면 키보드로 치는 것보다 느릴 수밖에 없습니다. 이렇게 필사하면 문장을 깊게 음미하고, 천천히 읽으니 저자의 생각도 더 잘 이해할 수 있지요. 즉, 기억에 오래 남는 어휘를 갖게 되어 어휘력이 높아진다는 겁니다. 만약 여러분이 좋은 원서를 읽고 있고, 저자가 의도하는 바를 더 잘 이해하고 싶다면 손으로 필사하며 책과 긴밀한 연결 고리를 가져도 좋다고 생각합니다.

그러나 저는 손으로 필사를 하지 않습니다. 컴퓨터 모니터로 원문을 읽고, 키보드로 필사합니다. 그 이유는 일단 악필입니다. 펜을 오래 쥐지 못하고, 글을 쓰는 자체가 제게는 스트레스예요. 게다가 시간은 금이잖아요. 그래서 저는 손보다 더 빨리 필사할 수 있는 수단인 키보드를 선택했습니다.

또 필사하는 목적도 달랐습니다. 저는 저자의 의도나 생각을 더 깊이 알고 싶기보다는, 그들이 쓰는 문장 구조와 그 문장에서 쓰인 어휘를 제 것으로 만들고 싶었습니다. 그래서 주로 영문 기사나 잘 쓰여진 사설을 필사했습니다. 그 과정을 통해 저는 문장 구성력과 어휘력이 향상되는 경험을 했습니다. 또 암기력도 좋아 졌고요.

저는 키보드로 필사할 때 구글독스를 쓰지만 여러분은 메모장 이나 마이크로소프트 워드를 이용해도 좋습니다. 그리고 손으로 직접 쓰지 않고 컴퓨터 키보드로 필사를 하더라도 내가 얼마나 반 복하느냐(필사 반복 횟수)에 따라 기억에 오래 남는 어휘를 가질 수 있습니다. 그러니 손으로 베끼지 않아서 장기 기억되는 어휘가 없을지도 모른다는 염려는 하지 마세요. 방법에 상관없이 어떤 표 현이나 문장이 기억에 오래 남으려면, 반복해서 외우는 방법밖에 없다고 생각합니다. 물론 외우려 하지 않아도 같은 표현을 자주 보면 기억에 오래 남습니다.

만약 손으로 써야 더 집중이 잘된다면 그렇게 하세요. 계속 말 하지만 본인에게 가장 잘 맞는 방법으로 즐기면서 해야 공부를 지 속할 수 있습니다.

둘, 원문을 '보면서' 베끼지 않는다

이게 무슨 말인가 싶으신가요? 보면서 쓰는 작업이 필사인데 말 이죠. 저는 스터디를 함께 하던 지인에게 처음 영어 필사 정보를 들었습니다. 제가 알고 있던 선에서 필사는 '보고 베끼는 것'이었 죠. 근데 지인은 조금 색다른 방법으로 필사를 하더군요. 영어 문장을 한 번 읽고, 그 내용을 생각나는 대로 적는 것이었습니다.

문장을 읽을 때는 이해되던 것도 글로 쓰려면 잘 안 됩니다. 우리가 들었을 때 알던 표현도 바로 말로 하지 못하는 것처럼요. 그래서였을까요? 이 방법은 바로 포기했습니다. 처음에는 이와 같은 방법으로 해 보려고 했지만, 저에게는 맞지 않는 방법이었습니다. 읽고 바로 쓰기라는 난도가 제게는 너무 높았던 거죠. 간단하거나 짧은 문장은 이 방법을 적용할 수 있었지만, 문장이 조금 길어지면 한 번 읽고 바로 적기가 불가능했습니다.

그래서 방법을 바꿨습니다. 한 문장씩 암기한 뒤 적었지요. 저는 문장을 암기할 때 의미 단위로 끊은 뒤 중얼거리며 외웁니다. 이때, 길든 짧든 한 문장을 외워서 필사하는 것을 원칙으로 합니다. 콜론으로 문장이 길어졌다면, 콜론 앞에서 끊어도 됩니다. '암기해서 쓰는데 틀리는 부분이 나올 수 있나?'라고 생각할 수 있으나, 놀랍게도 단어를 잘못 쓰거나 단·복수, 시제, 관사, 대명사, 전치사 등에서 실수를 합니다. 이때 틀린 부분이 자신이 평소에 쓰기를 할 때 부족한 부분일 겁니다.

수준에 따른 필사 매체

초중급 학습자라면

여러분이 초중급 학습자라면 긴 문장을 억지로 필사하지 마세요. 앞서 여러 번 말씀 드렸듯 자신의 수준보다 한 단계 높은 매체로 공부해야 가장 효과적입니다. 너무 어려우면 흥미를 잃고, 흥미를 잃으면 공부에 손을 놓을 수밖에 없습니다.

문장이 어떤 구조인지 잘 모르겠거나 기초 문법이 잘 잡히지 않았다면, 문법책에 나온 예문들을 필사하는 것도 좋은 방법입니다. 「그래머 인 유즈(Grammar In Use)」의 각 유닛에 사용된 예문을 필사해 보세요. 문법도 잡고, 어휘량도 늘릴 수 있으니 일거양득입니다.

중급 이상 학습자라면

여러분이 중급 이상 학습자라면 필사할 매체의 난도를 조금 더 높여 보세요. 우리 삶을 다루는 기사는 어휘가 그리 어렵지 않아 읽는 데 큰 어려움이 없으리라 생각합니다. 또는 자신의 관심사를 다룬 기사를 이용해도 좋습니다.

문장을 '무작정' 외우려 들지 마세요

문장을 암기할 때 무작정 외우려 들지 마세요. 의미 단위로 끊어서 암기하면 쉽게 외울 수 있습니다. 처음이 어렵지 암기하는 데 익숙해지면 암기력도 향상됩니다. 문장이 짧을 때는 집중해서 여러 번 소리 내어 읽는 과정만으로도 외울 수 있습니다. 하지만 문장이 아주 길다면 어떤 구조로 이루어져 있는지부터 분석해 보세요. 그래야 의미 단위로 끊어서 외우기 수월합니다.

There are now businesses / that sell fake people.

지금 비즈니스들이 있다. / 가짜 사람들을 파는

「Designed to Deceive: Do These People Look Real to You?」 중에서

위와 같은 짧은 문장은 긴 문장보다 외우기 쉽습니다. 의미 단위로 끊으면 위 문장은 두 개의 덩어리가 됩니다. 이렇게 각 덩어리의 의미를 파악한 후 덩어리째로 외우는 겁니다.

하지만 아래처럼 문장이 길다면 문제가 달라집니다. 문장을 봤을 때 어디서 어떻게 끊어야 하는지 바로 감이 오지 않습니다.

Instead of shifting values that determine specific parts of the image, the system first generated two images to establish starting and end points for all of the values, and then created images in between.

이미지(얼굴 이미지)의 특정 부분을 결정하는 값(values)을 변경하는 대신, 시스템은 모든 값의 시작점과 끝점을 설정하기 위해 먼저 두 이미지를 생성했고, 그 사이에 이미지들(변하는 얼굴 이미지들)을 만들었다.

「Designed to Deceive: Do These People Look Real to You?」 중에서

위와 같은 문장을 무작정 외운다고 생각해 보세요. 막막하지요. 이럴 때는 문장이 어떤 구조인지, 어떤 내용인지 확인해 보세요. 그런 뒤 의미 단위로 끊어 외우면 쉽습니다.

Instead of shifting values that determine specific parts of the image, / the system first generated two images to establish starting and end points for all of the values, / and then created images in between.

문장을 나누는 가장 쉬운 방법은 위처럼 쉼표가 나오는 부분에서 끊는 겁니다. 벌써 세 덩어리로 나뉘었지요. 하지만 여전히 문장이 깁니다. 한국어는 꾸며 주는 어휘나 어구를 중간에 넣어 말을 늘리지만, 영어는 문장 끝에 넣어 문장을 확장합니다. 그래서 문장이 길 때는 확장 지점에서 문장을 한 번 더 끊어 줍니다.

Instead of shifting values / that determine specific parts of the image, / the system first generated two images / to establish starting and end points for all of the values, / and then created images in between.

하나의 긴 문장을 위처럼 다섯 덩어리로 나누어 한 덩어리씩 의미를 생각하며 외웁니다. 그런데 문장의 확장 지점을 어떻게 알고 이렇게 다섯 덩어리로 끊을 수 있는지 궁금하시죠? 이때는 문장의 구조를 살펴봐야 합니다.

① Instead of shifting values / (that determine specific parts of the image,)
값을 변경하는 대신 / (이미지의 특정 부분을 결정하는)

that determine specific parts of the image는 앞의 values를 수식하는 주격 관계대명사절입니다. 이럴 때는 관계대명사 앞에서 끊을 수 있습니다. 즉, valus 뒤에 그 단어를 꾸며 주는 관계대명사절을 넣어 문장을 늘렸지요.

② the system first generated two images / to establish starting and end points for all of the values,
시스템은 우선 두 이미지를 생성했다 / 모든 값의 시작점과 끝점을 설정하기 위해

the system first generated two images라는 문장 뒤에 '~하기 위해'라는 to 부정사를 사용해서 왜 두 이미지를 만들었는지 말을 늘립니다.

③ and then created images in between.
그런 뒤 그 사이에 이미지들을 만들었다.

짧은 문장이니 더는 나누지 않습니다.

위와 같은 과정을 거쳐서 적당한 길이의 덩어리로 문장을 쪼개어 외우면, 긴 문장도 쉽게 외울 수 있습니다.

문장을 의미 단위로 끊으려면 어떤 구조인지 분석할 수 있어야 합니다. 그러려면 문법을 알고 있어야 합니다.

문장을 분석하다 보면 몰랐던 문법을 접할 때가 많습니다. 그럴 때 저는 인터넷 검색을 통해 공부하고, 공부한 내용을 구글독스에 코멘트로 첨부하거나 문서 하단에 따로 적어 놓습니다. 이렇게 문장을 읽고, 분석하고, 암기해서(저는 입으로 중얼중얼 소리 내면서 외우는 편입니다. 말로도 내뱉어 보는 시간을 갖는 셈이죠) 쓰다 보면, 암기력 향상과 더불어 문법 지식도 쌓을 수 있습니다. 덤으로 영어 문장을 어떻게 확장할 수 있는가에 관한 지식을 얻고,

문장 부호의 이해도도 높일 수 있어요.

꼭 어려운 문장만 필사할 필요는 없습니다. 자신의 학습 수준에 맞는 기사나 책을 고르면 됩니다. 모든 문장을 할 필요도 없습니다. 자기 학습 수준에 맞고, 자신이 좋아하는 글에서, 자신이 써보고 싶은 문장을 암기해 필사하면 됩니다.

모든 문장을 필사하고 싶다고요? 그것 또한 여러분의 선택입니다. 효율적으로 자신에게 맞는 방법을 취해 공부하세요.

구글독스로 필사하기

저는 필사할 때도 구글독스를 이용합니다. 이때 필사할 글을 선택하고, 원문을 보면서 바로 베껴 쓰지 않습니다. 우선 내용을 이해하는 작업부터 진행합니다. 모르는 어휘나 문법을 찾아보기도 하고, 긴 문장은 의미 단위로 나누어 보기도 합니다. 그 후에 한 문장씩 암기해서 필사합니다. 그럼 제 방식을 차근차근 설명해 드릴게요.

❶ 먼저 글을 구글독스로 옮겨 공부하기(복사 & 붙이기)

구글독스에 기사를 붙여 넣고, 읽으면서 모르는 표현과 문법을 찾아 정리하세요. 낭독할 때를 대비해 발음이 헷갈리는 단어의 강세 부분을 굵게(bold) 표시하는 것도 잊지 마시고요. 특정 이슈(issue)를 몰라 내용 이해가 어렵다면, 다른 관련 기사를 참고해 내용을 함께 적어 두어도 좋습니다.

❷ 공부를 마친 뒤 왼쪽에 기사 사이트를 열고, 오른쪽에 구글독스 창 띄우기

이러면 필사 준비는 끝납니다. 윈도 10의 화면 분할 기능을 저는 편하게 사용하고 있습니다. 단축키는 '윈도 키 + 오른쪽 / 왼쪽 화살표'입니다.

왼쪽 : 기사 사이트 / 오른쪽 : 구글독스

출처 : https://www.newyorker.com/news/news-desk/why-racially-offensive-trademarks-are-now-legally-protected

❸ Editing 모드로 필사하기

구글독스를 실행하면 기본적으로 Editing 모드라 마음껏 글을 작성하고 수정할 수 있습니다. 예를 들면, 필사 후 원문과 비교할 때, 써야 할 단어를 쓰지 않았다면 단어를 적어 넣고 밑줄을 치거나 잘못 쓴 부분은 취소선 등으로 어떤 부분을 잘못 필사했는지 표시합니다.

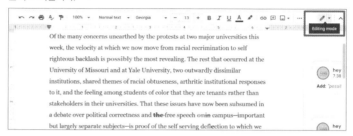

❹ Suggesting 모드로 필사하기

Editing 모드도 좋지만 Suggesting 모드도 필사에 유용합니다. Suggesting 모드는 작성한 글에 뭔가를 제안하는 기능입니다. 문서를 공유하는 사람들이 작성된 메인 글에 자기 의견을 낼 때 사용하지요. 저는 이 기능을 필사에도 이용합니다. Suggesting 모드로 필사하는 방법을 영상으로 보고 싶다면 아래 링크를 확인하세요!

※ Viewing 모드는 말 그대로 그냥 보기만 하는 모드입니다. 편집이 되지 않아요.

• 똑똑한 영어 필사 방법 | 구글독스로 효과적이게!
  QR 코드: https://youtu.be/e3AuCaxSq2E?t=336

영어 기사
요약하기

이제 글을 읽고 요약해서 아웃풋 하는 방법을 알아볼 겁니다. 저는 기사 요약을 추천합니다만, 꼭 기사일 필요는 없습니다. 하지만 만약 책을 요약할 거라면 소설보다 정보를 알려 주는 비문학(논픽션)이 좋습니다.

기사나 비소설은 문단마다 핵심 문장을 찾기 쉽습니다. 정보성 글이라 명확하고 명료하죠. 하지만 소설은 그렇지 않습니다. 게다가 긴 호흡으로 이야기가 전개되므로 각 문단을 요약하기 어려워요. 그래서 소설은 챕터별로 요약하는 편이 낫습니다.

문법을 안다고 해서 영작이 바로 되는 것은 아닙니다. 어떻게 문장을 만들어야 하는지 잘 모르겠다면 '요약'으로 시작해 보세요. 기사에서 이미 사용한 표현과 문장을 조합해 요약해 보는 겁니다. 백지에 바로 내 생각을 쓰는 것보다 수월하게 시작할 수 있습니다. 내용 이해력을 높이면서 작문 연습을 하고 싶은 분에게도 좋아요.

Ten Habits of Incredibly Happy People

Research shows that spending money on other people makes you much happier than spending it on yourself. This is especially true of small things that demonstrate effort, such as going out of your way to buy your friend a book that you know they will like.

…

연구에 따르면, 남에게 돈을 쓰는 것이 자신에게 쓰기보다 우리를 더 행복하게 한다고 한다. 특히, 친구가 좋아할 만한 책을 사러 가는 것과 같은 노력을 보여 주는, 작은 일들이 더욱 그렇다.

출처: https://www.forbes.com/sites/travisbradberry/2017/02/14/ten-habits-of-incredibly-happy-people/?sh=74c9422311ba

위 문단의 핵심은 '사람은 자신을 위해 돈을 쓰기보다 남에게 돈을 쓸 때 더 행복감을 느낀다'입니다. 이 내용에 해당하는 문장(Spending money on other people makes you much happier than spending it on yourself)이 딱 보이지요.

이 문장을 그대로 써도 좋습니다. 또는 '남에게 돈을 쓰는 일이 사람을 더 행복하게 한다면, 행복한 사람은 다른 사람에게 돈을 쓰겠구나'라고 생각할 수 있지요.

참고로 이 기사의 제목은 'Ten Habits of Incredibly Happy People(믿을 수 없을 정도로 행복한 사람들의 10가지 습관)'입니다. '행복한 사람이 행복해지려고 남에게 돈을 쓴다'라는 요약은 비약이 심한 것 같지만, 기사의 제목을 함께 보면 '행복한 사람은 남에게 돈을 쓴다'라고도 요약할 수도 있습니다.

이제 이 문장을 원문에서 사용한 어휘를 이용하여 써 보는 겁니다.

Happy people spend money on other people because it makes them much happier than spending it on themselves.

행복한 사람들은 돈을 자신에게 쓰기보다 다른 사람에게 쓰는 일이 그들을 훨씬 더 행복하게 하기에 남에게 돈을 쓴다.

새롭게 작성한 위 요약문을 보면, 원문에서 사용한 표현 'spend money on other people', 'makes OOO much happier than spending it on'을 그대로 가져다 썼습니다. 어때요, 쉽지요?

영어 기사 웹 사이트 알아보기

❶ NPR: National Public Radio

(https://www.npr.org)

저는 구글에서 원하는 기사를 키워드로 검색해 읽어 볼 때가 많지만, NPR에는 오디오 파일이 제공되는 기사들이 있어 종종 이용합니다. 음성을 들으며 기사를 읽고 싶은 분들에게 추천합니다.

❷ The Week

– Daily briefing (Ten Things You Need to Know Today)

(https://theweek.com/10things – 미국)

(https://www.theweek.co.uk/daily-briefing – 영국)

「The Week」에서 제공하는 Daily briefing은 'Ten Things You Need to Know Today'라는 제목으로 매일 기사 요약문 10개를 보여 줍니다. 요약문에서 흥미를 끄는 것만 읽어도 좋고, 짧으니 모두 읽고 공부해도 좋습니다. 요약된 핵심 글만 읽고 싶은 분에게 추천합니다.

❸ The New Yorker

(https://www.newyorker.com)

「The New Yorker」는 저널리즘, 논평, 에세이, 소설, 풍자 등을 다루는 미국의 주간지입니다. 「The New Yorker」의 사설이 잘 쓰였다는 지인의 추천을 받아서, 저는 필사할 사설을 고를 때 이용합니다.

내 실력의 비밀 무기는
나만의 문장 만들기

제 영어 회화 실력을 많이 높여 준 방법을 꼽으라면 단연 '나만의 문장 만들기'입니다. 문장을 만드는 데서 끝나는 게 아닙니다. 저는 외워서 말로 직접 내뱉는 과정까지 함께 세트로 학습합니다.

언어 학습에는 암기와 반복이 매우 중요합니다. 그렇다고 무작정 반복해 암기만 하면 되나 싶지만 그렇지도 않습니다.

예를 들어, 오랫동안 CNN 뉴스를 들으며 영어 공부를 했다고 해 볼까요?

앵커가 하는 말을 많이 외웠습니다. 자, 여러분은 영어 회화 실력이 늘었을까요? 물론 어느 정도 영어 능력이 향상했을 겁니다. 안 하는 것보다 뭐든 공부하는 편이 좋으니까요. 하지만 실제로 누군가와 소통하기 위한 회화 실력은 많이 늘지 않았을 거예요. 왜 그럴까요? 이는 여러분이 실제 사용할 만한 문장을 외우지 않았기 때문입니다.

물론 언제까지고 외운 문장만으로 회화를 이어 나가지는 않습니다. 암기해서 말할 수 있는 문장이 많이 쌓이면, 상황에 맞춰 어휘와 표현을 바꿔 가며 새로운 문장을 구사할 수 있게 됩니다. 그러나 그 전까지는 많은 문장을 외워 사용하는 방법밖에 없다고 생각합니다. 단, 아무 문장이 아니라 내가 써먹을(사용하고 싶은) 문장을 외워야 합니다.

단어를 검색하면 예문이 나오지요. 만약 사전에 나온 그 예문이 내가 언젠가 하고 싶은 말이라면, 그대로 외워서 쓰면 됩니다. 하지만 우리가 원하는 문장이 마치 찾아지기를 기다렸다는 듯, 사전에 떡하니 예문으로 나오지는 않지요. 그래서 작문을 하는 겁니다.

이 과정이 가장 중요하기에 저는 유튜브에서도, 블로그에서도, 스터디에서도 '자신이 사용할 문장 - 나만의 문장 만들기'가 중요하다고 강조합니다. 단순히 표현 공부에서 그치는 것이 아니라요.

여러분이 weird(이상한, 기묘한 등)라는 단어를 공부했습니다. 이 단어를 유용하게 써먹을 것 같다면, 이를 이용해서 여러분이 언젠가는 사용할 만한 예문을 만들어 보세요.

A really weird thing happened yesterday.
어제 진짜 이상한 일이 있었어.

한 가지 더 해 볼까요. 여러분이 get rid of라는 표현을 공부했습니다. 이 표현에는 뜻이 여럿 있는데, 그중 '필요 없는 / 원치 않는 것을 제거하다'라는 의미로 사용하고 싶습니다. 이때도 여러분의 예문을 만드는 거예요.

I sing songs to get rid of stress.
나는 스트레스를 해소하려고 노래를 불러.

만든 문장은 입에 붙을 때까지 소리 내어 말하면서 외웁니다. 문장 자체가 입에 익숙하게 붙으면 그 말을 할 상황이 왔을 때 바로 입에서 내뱉을 수 있어요.

참고로 원어민은 실제 대화에서 구동사(Phrasal verbs)를 많이 사용합니다. 구동사는 '동사 + 전치사 / 부사'의 형태로 이루어져 하나의 동사처럼 사용되는 것을 말합니다. 예를 들어, take라는 동사 뒤에 어떤 전치사나 부사가 붙느냐에 따라(take off / take on / take up / take down / take over 등) 뜻이 다른 새로운 표현이 됩니다. 문장을 만들어 암기할 때 구동사를 많이 활용해 보세요.

초급이나 초중급 학습자라면 사용하고 싶은 단어가 있어도 예문을 만들기 힘들 수 있습니다. 이때는 사용하고 싶은 단어를 여러 사전에서 찾아보고, 사전에 나와 있는 예문들을 먼저 살펴보세요. 예문을 많이 보면 그 표현을 어떻게 사용하는지 감이 오실 거예요. 여러 사전에서 검색해 보는 이유는 다양한 예문을 접하기 위해서입니다. 온라인 사전이 많으니 잘 활용해 보세요.

네이버 사전에 말하고 싶은 문장을 한국어로 검색해 보는 것도 한 방법입니다. 늘 정확한 결과가 나오지는 않지만, 일부는 자신이 검색한 문장과 비슷한 예문이 나올 거예요. 이를 활용해도 좋습니다. '그래도 작문이 너무 힘들어!', '네이버 사전에 내가 생각한 예문이 없어!'라고 생각하신다면 구글 검색과 번역기를 적절히 사용해 보세요.

원서 독후감과
일기 쓰기

아웃풋을 하려면 반드시 인풋이 있어야 합니다. 공부한 내용이 많으면 많을수록 좋아요. 인풋을 많이 해 왔다면 재료는 이미 준비되어 있으니 작문이라는 이름의 요리를 시작하면 됩니다.

'필사', '기사 요약', '나만의 문장 만들기'는 내 재료가 A만큼 있는 상황에서 B만큼의 재료를 외부(기사 원문, 사전 등)에서 받는 거죠. 내가 아는 표현이 적고 작문이 서툴러도(A만큼의 내 재료), '기사에서 쓴 표현 + 사전의 예문'(B만큼의 재료)을 참고하면 문장을 만들기란 그리 어렵지 않습니다.

그런데 만약 영어로 독후감이나 일기를 쓰라고 한다면요? 갑자기 수월하게 쓸 수 있을까요? 아마 대부분 고개를 저으실 겁니다. 예, 그런 반응이 나오는 게 당연해요. 온전히 내 생각을 처음부터 끝까지 써 내려가야 한다니! 솔직히 우리 말로도 어려운데 영어로 쓰라면 누구나 당황할 겁니다.

제가 앞서 작문을 요리에 비유했지요? 요리는 각자 가진 재료로 하는 것입니다. 작문 또한 여러분이 가진 재료들로 해야 하지요. 대체로 재료가 많으면 요리가 풍성해지고, 재료가 빈약하면 요리도 엇비슷하게 나올 겁니다. 독후감과 일기도 마찬가지예요. 그러나 제가 안 되는 일을 무조건 해 보라고 권하지는 않겠지요?

적은 재료로도 요리해 먹을 수 있듯이 작문도 그렇습니다. 여러분이 가진 표현이 적다면 짧은 글을, 여러분이 가진 표현이 많다면 긴 글을 쓰면 됩니다. 쓰다가 막히면 사전을 참고하고요. 300자 내외의 한 문단이어도 좋고, 서론·본론·결론으로 나눠 세 문단의 긴 글로 작성해도 됩니다.

내 생각이 들어간 글을 쓸 때는 무엇을 써야 할지 막막할 때가 많습니다. 그럴 때는 한 주제를 미리 정해서, 그와 관련된 것만 써 보세요. 막막한 기분이 덜 듭니다.

독후감을 쓸 때는 책에 대한 전반적인 생각, 책의 줄거리, 주인공이 겪은 일에 대한 내 감정(문학), 이 책에서 배우고 실천할 점

(비문학) 등을 고려해, 다 적으려 하지 말고 한 주제로만 글을 쓰는 겁니다.

마찬가지로 일기를 쓸 때는 오늘 하루 좋았던 일, 오늘 힘들었던 일, 오늘 하루 배운 점 등을 생각해 보면 되겠죠? 오늘은 좋았던 일만 쓰고 내일은 오늘 하루 배운 점만 쓰는 식으로, 하루 한 주제를 정해서 적어 보세요.

'영어로 글쓰기'를 화제로 삼으면 열이면 열, 첨삭에 관한 질문이 나옵니다. '첨삭 없이 글을 써 봤자 영어 실력 향상에 도움이 되나?' 하는 의구심이 들어서지요. 물론 늡니다. 단, 계속 인풋을 해 줘야 합니다.

이는 '말하기'와도 비슷합니다. 말하기 실력을 늘리려면 말을 많이 해 보라고 합니다. 하지만, 내가 알고 있는 게 A만큼인데 계속 말을 한다고 해서 A + B만큼의 실력이 나올까요? 절대 나오지 않습니다. '쓰기'도 마찬가지입니다. 내가 A만큼 알면 아무리 많이 써도 A + B의 결과물을 기대할 수 없다는 의미지요.

즉, 많이 쓰기만 하는 것이 아니라, 쓰면서 인풋도 많이 해야 합니다. 작문이라는 요리를 위해 재료를 많이 저장해 두세요. 그럼 아는 표현의 양이 늘고, 문장 구성력도 점점 좋아질 거예요. 자연스레 예전보다 더 나은 글을 쓸 수 있습니다. 물론 내가 쓴 문장을 첨삭해 줄 사람이 있다면 더 낫겠지요. 다만, 여기서 제가 강조하는 바는 첨삭을 받지 않아도 인풋과 아웃풋을 꾸준히 하면 실력이 느다는 것입니다.

만약 이미 장문을 쓸 수 있는 실력이라면, 첨삭을 받는 것이 정체기를 극복하는 데 도움이 될 수도 있습니다. 문법적으로 다 맞는데 뭔가 어색할 때 그 원인을 찾을 수 있고, 표현적으로 더 나은 어휘를 배울 기회가 생기니까요. 그러나 저는 이 단계까지 가기 전에 군이 첨삭을 받을 필요는 없다고 생각합니다(물론 영어 에세이 작성이 필요한 시험을 준비하고 있다면, 교정받는 과정이 필요합니다).

저는 글쓰기 연습을 하며 첨삭을 받아 본 경험이 딱 6번 있습니다. 그러나 제 생각을 충분히 글로 쓸 수 있기 전까지는 첨삭을 받지 않았어요. 그동안은 여러 사전과 예문을 이용해 공부하고, 구글을 활용해 쓰이는 표현인지 아닌지를 확인해 가며 글을 썼을 뿐입니다.

구글 검색 하나로
영작 걱정 끝!

작문을 하다 보면 내가 쓴 문장이 실제 쓰이는 문장인지 확신이 서지 않을 때가 종종 있습니다. 이때 구글을 활용하면 내 작문에 날개를 달아 줄 수 있습니다. 한마디로 구글이 나만의 선생님이 되는 것이죠.

구글에 그냥 검색하라는 것이 아닙니다. 구글 검색 명령어를 활용해 검색해야 합니다. 구글에서는 검색 명령어를 여럿 제공하는데요. 우리가 사용할 명령어는 " "(큰따옴표)와 *(별표)입니다.

내가 쓴 문장이 실제로 쓰이는 문장인지 확인하고 싶을 때는 큰따옴표를 이용합니다. 큰따옴표 사이에 원하는 검색어를 입력하면, 해당 검색어를 반드시 포함하는 결괏값만 보여 주기 때문입니다.

예를 들어, 상대방의 이메일에 답장이 늦어서 미안함을 나타내고 싶을 때 I'm sorry for the late response.라는 표현이 잘 쓰이는지 알고 싶습니다. 그러면 큰따옴표와 함께 "I'm sorry for the late response"라고 검색해 보세요.

이때 검색 결과를 한정하는 단어를 뺀 뒤 검색하는 편이 좋습니다. "I'm sorry for the late response."에서 I'm이 이에 해당합니다. 큰따옴표를 사용해 이대로 검색하면, "'내가' 답장을 늦게 보내서 미안해"라는 결과만 보여 줍니다. 우리가 한국어로도 "답장이 늦어서 미안해"라고 주어 없이 말하기도 하잖아요? 영어도 그렇습니다. '내가'를 넣어 굳이 검색 결과를 한정할 필요가 없어요. 그래서 큰따옴표를 이용해 문장을 검색할 때는 보통 주어에 해당하는 단어는 빼고 검색합니다.

결괏값이 많고, 검색된 페이지를 봐도 sorry for the late response 라는 문장 그대로 검색된 걸 알 수 있어요. 이 표현이 많이 쓰인다는 의미입니다. 또한 구글에서 검색할 때 아래 이미지처럼 검색창에 뜨는 추천 검색어를 참고할 수도 있습니다.

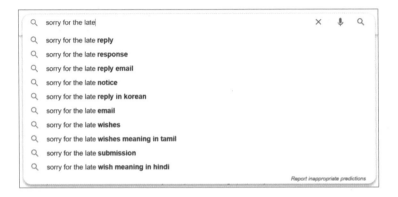

sorry for the late까지만 치면 아래 추천 검색어가 뜹니다. 여기서 response 대신에 reply도 쓸 수 있다는 걸 알 수 있지요. 이 단어가 쓰인 문장도 잘 쓰이는지 큰따옴표와 함께 다시 검색해 봅니다.

검색 결과, sorry for the late reply도 많이 쓰이는 표현이라는 걸 알 수 있습니다. 이렇게 구글에서 제공하는 추천 검색어를 활용하면 어휘량을 늘릴 수 있습니다.

참고로 처음부터 어떤 문장을 써야 할지 모르겠다면, 큰따옴표 없이 핵심 단어만 넣어 검색하는 방법도 괜찮습니다. 구글은 검색창에 추천 검색어를 제공하기도 하지만, 결괏값에 검색어와 유사한 뜻의 단어도 함께 보여 주기 때문이에요.

이때, 우리가 쓰려고 하는 문장을 발견할 수도 있습니다. 예를 들어, sorry late reply business email을 검색하면 Sorry for the late reply 외 참고 문장들을 확인할 수 있습니다.

별표는 큰따옴표 명령어와 함께 쓸 때 빛을 발합니다. 예를 들어, '우리는 10년 전부터 함께하고 있다'라는 문장을 검색해 봅시다. 여러분이 이 문장을 We've been together since 10 years.로 영작했다고 가정한 채 검색해 보겠습니다. 앞서 최대한 많은 결괏값을 확인하려면 검색 결과를 한정 짓는 단어는 빼고 검색하는 편이 좋다고 했지요? 위 문장에서 결과를 한정 짓는 단어는 we've와 10입니다. '우리'로만 한정할 필요도, '10년'이라고 딱 한정할 필요도 없습니다.

그럼 이때 큰따옴표와 함께 "been together since years"라고 검색해야 할까요? 안 됩니다. 큰따옴표는 그 안에 쓰인 검색어를

그대로 검색하므로 since와 years 사이에 반드시 별표를 넣어야
합니다.

"been together since * years" 이렇게요.

별표는 그 자리에 무엇이 들어가도 다 검색해 줍니다. 어떤 단
어와도 매치하는 결과를 보여 주지요. 즉, since와 years 사이에
어떤 숫자나 단어가 들어 있어도 다 검색해 냅니다.

결괏값이 굉장히 많이 나왔습니다. 그럼 '아, 이 표현은 진짜 많이 쓰이는구나'라고 생각할 수 있어요. 그리고 이 표현을 계속해서 쓰겠지요. 하지만 정답은? 이 표현은 이렇게 쓰이지 않습니다. 구글 검색을 이용할 때 주의하실 점은 꼭 검색된 내용을 확인해야 한다는 것입니다. 물론 결괏값의 수치도 중요하지만 검색된 결과를 잘 보아야 합니다. 수치가 낮다면 잘 안 쓰이는 표현임이 분명합니다. 하지만, 수치가 높아도 잘못된 경우가 있습니다.

위 스크린 샷에서 since가 쓰인 부분의 뒤를 잘 보세요. years로 그냥 끝난 결과가 하나도 없습니다. 'since 주어 + 동사 + OO years old'의 검색 결과가 많이 나옵니다. 즉, We've been together since 10 years.라는 문장은 틀렸다는 말이 됩니다.

이러한 검색 결과를 통해 우리는 'since가 쓰이면 뒤에는 저런 형태로 쓰이는구나'라는 문법을 배울 수 있습니다. '10년 전부터 함께하고 있다'라는 말은 10년 동안 함께하고 있다는 말이므로, for를 써서 We've been together for 10 years.라고 영작해야 합니다.

참고로 since는 뒤에 특정 날짜 또는 구체적 시간을 넣어 We've been together since 2011(우리는 2011년부터 쭉 함께하고 있다)처럼 쓸 수도 있습니다.

구글은 웬만한 글을 거의 수집하므로 기본 검색창에서 검색하면 원어민이 아닌 사람이 쓴 글도 결괏값으로 나옵니다. 영어를 모국어로 하는 공식적인 글에서 결과를 확인하고 싶다면 '구글 뉴스'에서 검색해 보세요. 저는 그중에서도 영미권 뉴스 사이트만 참고하는 편입니다.

특정 영미권 뉴스 사이트나, 본인이 원하는 사이트에서만 검색하고 싶을 때는 구글 명령어 site:를 사용합니다. site:(검색을 원하는 사이트 주소) "검색어"를 이용해 보세요.

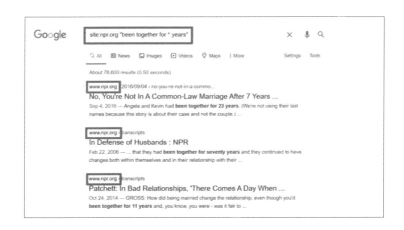

번역기는
치트키

"번역기를 이용해 영작했는데 원어민이 보더니 당황하더라."

"해석이 안 되어 번역기를 돌렸더니 밑도 끝도 없는 문장이 나오더라."

이런 말을 듣거나 실제로 경험해 본 적 있으시죠?

그러다 보니, "영어를 공부할 때 번역기를 써도 되나요?"라는 질문을 종종 받습니다. 제 대답은 "사용해도 된다"입니다.

저는 영작을 쉽게 할 수 있도록 도와주는 치트키가 바로 번역기라고 생각합니다. 물론, 번역기가 늘 옳은 결과만 보여 주지는 않습니다. 게다가 번역할 문장이 길어지면 엉뚱한 대답을 내놓기 일쑤지요. 번역 결과를 그대로 사용하면 안 된다는 점만 명심한다면 번역기는 꽤 괜찮은 영어 학습 툴(tool)입니다. 지금부터 번역기를 영어 공부에 어떻게 활용하면 좋은지 말씀드릴게요.

내용의 전체 흐름을 알고 싶을 때 사용하세요

번역기를 사용하면 어떤 내용인지 이해하기 어려운 글을 읽을 때 내용의 이해도를 약간 높일 수 있습니다. 어떤 내용이 나올지 알고 글을 읽는 것과 전혀 모르고 읽는 것 중 어느 쪽이 더 집중하며 글을 읽을 수 있을까요? 당연히 전자입니다.

관련된 내용을 이미 알고 있거나 어떤 내용일지 짐작이 가면 글을 읽을 때 더 집중할 수 있습니다. 글이 길고 시간이 없을 때, 글의 내용이 내 영어 수준보다 높을 때 번역기를 돌려 보세요. 모든 문장이 올바르게 번역되지는 않지만, 전체 맥락을 이해할 수는 있습니다. 물론, 여기서 끝내면 안 됩니다. 번역기가 완벽한 결과를 보여 주지 않으므로 꼭 영어 원문을 읽어 봐야 합니다. 모르는 어휘가 나오더라도 이미 한국어 번역으로 이해가 가능했던 부분은 영어 단어의 뜻도 유추할 수 있습니다. 그래서 번역기를 돌리기 전보다 빠르게 이해할 수 있습니다.

영작이 막힐 때는 번역기와 구글을 이용하세요

영어를 공부하다 보면 '도대체 이건 영어로 어떻게 말하지?' 하는 것들이 있습니다. 이럴 때 번역기를 사용해 보세요. 또는, 이미 표현 방법을 아는 문장이라도 다르게 말할 수 있는지 궁금할 때 사용해도 좋습니다.

한영사전에서 한국어로 검색해도 그와 비슷한 뜻을 가진 예문들을 보여 줍니다. 한영사전 예문 기능의 도움을 받아도, 번역기로 원하는 문장의 영어 번역을 확인해 보아도 괜찮습니다.

참고로, 한영 번역을 할 때는 한국어 맞춤법에 맞게 써야 내가 원하는 답과 가까운 결과를 얻을 수 있습니다.

앞서 번역 결과를 그대로 사용하면 안 된다고 말씀드렸습니다. 이러한 번역기의 오류를 보완하기 위해, 번역기와 함께 쓰면 좋은, 꿀 조합 아이템이 있습니다. 바로 '구글' 사이트입니다. 번역된 영어를 바로 사용하지 말고, 구글 검색 명령어 중 큰따옴표를 이용해 번역된 영어를 검색해 보세요. 실제로 많이 쓰이는 표현이나 문장이라면 결괏값이 많을 것이고, 잘못된 표현이거나 흔히 쓰이지 않는다면 당연히 결괏값이 많지 않겠지요?

앞에서 말씀드렸듯 '결과를 한정하는 단어'를 빼고 검색하는 것을 잊지 마세요. 또한, 검색창에 번역 결과를 검색할 때, 구글에서 많이 검색되는 추천 검색어도 유의 깊게 살펴보세요. 검색창에 추천이 된다는 건 많이 쓰인다는 이야기이니까요. 이렇게 새로운 표현을 건질 수도 있습니다. 추가로 알게 된 새 표현은 구글, 네이버, 또는 사전에서 검색해서 잘 쓰이는 표현인지 꼭 확인하세요!

이렇게 꼬리에 꼬리를 물듯 공부하다 보면 어휘량이 늘어나고, 실제 원어민이 쓰는 표현도 알아낼 수 있습니다. 구글 기본 검색창을 이용해도 좋지만, '구글 이미지' 검색도 활용해 보세요! '구글 이미지' 검색을 어떻게 활용할 수 있는지는 영상으로 확인하세요.

• 영작 공부에 제대로 날개를 달아 줄 방법(번역기 활용기)
  QR 코드: https://youtu.be/t7vzU97oeSc

chapter 04

말하기,
누구나 할 수 있어요,
── 제가 그랬듯이!

가지고 있는 어떤 재주든 사용하라.

노래를 가장 잘하는 새들만 지저귀면

숲은 너무도 적막할 것이다.

Use what talents you possess:
the woods would be very silent
if no birds sang there except those that sang best.

헨리 반 다이크 Henry Van Dyke, 미국의 작가이자 교육자

말하기가 제일
고민이에요

영어 공부의 최종 목표는 '영어 말하기'라고 할 수 있지 않을까요?

영어 말하기를 연습할 때 대부분의 사람이 생각하는 최고의 방법은 '원어민과 대화하기'입니다. 글을 많이 써야 작문 실력이 늘 듯 말도 많이 해야 느니까요. 하지만 혼자 말하기 연습을 하거나, 외국인과 대화로 말하는 연습을 할 때 많은 분이 간과하는 점이 있습니다. 바로, 말하는 연습만 하는 거예요. 인풋 없는 아웃풋은 없습니다. 내가 아는 만큼 말할 수 있습니다. 아는 정보의 양은 한정되어 있는데 백날 말하기 연습을 해 봤자 좋은 결과를 기대하기 힘듭니다.

"이 상황에 뭐라고 해야 하는지 모르겠어요."

"어떻게 표현해야 할지 모르겠어요."

"말문이 턱 막혀요."

이런 말들이 나오는 이유는 하나입니다. 인풋이 없어서예요. 그 상황에 쓰는 표현을 공부한 적이 없기 때문입니다. 그 상황에서 내가 하고 싶은 말, 하려는 말을 예문으로 만들어 외우는 일이 먼저입니다. 그렇게 인풋을 늘려 다양한 아웃풋 방법으로 말하기 연습을 하는 겁니다. 언제나 인풋이 가장 먼저임을 꼭 기억하세요. 그리고 입 밖으로 많이 소리 내면서 체화하세요. 핵심은 다음과 같습니다.

① 공부한 표현을 이용한다

② 내가 말하고 싶은 문장을 만든다

③ 반복적으로 소리 내어 말한다

④ 말하기 실력을 향상한다

성격과 영어 말하기의 상관 관계, 과연 있다 없다?

'내성적이면 영어 회화 실력을 높이기 어렵다'라는 말, 공감하나요? 얼핏 들으면 맞는 말 같습니다. 외향적이면 사람들과 어울리며 공부한 표현을 써 볼 테고, 영어로 말할 상황을 멀리하지 않을 테니까요. 하지만 저는 이 말에 공감하지 않습니다.

저는 외향적인 '척'을 잘하는 내성적인 사람입니다. 많은 사람과 대화를 나누며 웃고 있는 저를 보셨다면, 불안한 티를 안 내기 위해 노력하고 있는 겁니다. 제 유튜브 영상을 본 분들은 십중팔구 저를 굉장히 외향적인 사람으로 생각하세요. 아마도 목소리 톤 때문이 아닐까 합니다. 꼬맹이 시절에는 꽤 외향적이었던 것 같은데, 자라면서 변하더라고요. 저는 집에서 혼자 조용히 정적인 취미를 즐기며 시간을 보내는 집순이입니다. 모국어를 쓰는 한국인과도 친구가 되는 걸 어려워하는 제게, 외국인 친구라고 많았을까요? 심지어 여행도 싫어해서 외국에 있었을 때도 돌아다니기는커녕 계속 집순이었어요.

이런 제가 지금의 영어 회화 실력을 쌓은 방법은 '원어민과 대화하기'가 아닙니다. 내성적인 사람도 영어 회화 실력을 충분히 높일 수 있습니다. 여러분도 저와 같은 성격이라면, 걱정일랑 붙들어 매고 따라오세요.

이미 성인인데 가능하냐고요? 그것도 걱정하지 마세요. 저는 29살에 처음 온라인 스터디에 참여하면서 영어 회화 공부에 박차를 가했습니다. 그때와 비교해 지금의 제 영어는 무척 많이 발전했습니다. 앞서 저의 첫 스터디 때 영어 음성을 QR 코드를 통해 확인하셨죠? 집중해서 공부를 시작했을 때가 30살이 다 되어 가는 시점이었는데도 이만큼이나 성장했습니다.

제가 할 수 있으면 여러분도 할 수 있다는 말 기억하죠? 꾸준히 공부한다면 나이는 문제가 안 됩니다.

이번 챕터에서 볼 내용은 다음과 같습니다.

많은 분이 궁금해하시는 섀도잉을 알려 드릴게요. 듣기와 말하기를 동시에 하는 학습 방법입니다. 또한, 섀도잉에 비교되며 저평가를 받는 낭독의 중요성도 말씀드릴 거예요. 낭독은 읽기와 말하기를 동시에 하는 학습 방법입니다. 섀도잉에 너무 치중해 학습하시는 분들에게 도움이 되리라 믿습니다.

마지막은 본격적인 '말하기' 아웃풋 방법입니다. 어느 하나만 딱 꼽아서 추천해 드리기 어려울 정도로 효과를 톡톡히 보고 있으며, 제가 좋아하는 방법입니다. 본인에게 가장 잘 맞는 방법을 골라 꾸준히 연습하세요.

섀도잉으로 듣기와 말하기
두 마리 토끼 잡기

섀도잉은 듣는 내용을 0.5초 안에 따라 말하는 학습 방법입니다. 들으면서 따라 말하려면 일단 영어가 들려야 합니다. 그래서 섀도 잉으로 듣기와 말하기 학습을 동시에 할 수 있습니다.

흔히 섀도잉은 발음과 억양 교정에 좋다고 알려졌지만, 어휘량 을 늘리는 데도 도움이 됩니다. 문장이나 표현을 외우려고 의도 하지 않아도, 반복 섀도잉을 하다 보면 어떤 표현들은 자연스럽게 체화합니다. 섀도잉할 때 익혔던 그 억양 그대로 말이죠.

이뿐만이 아닙니다. 제가 제일 좋아하는 섀도잉 효과는 '입 풀기'입니다. 저는 영어로 말해야 할 상황이 생기면, 그전에 최소 30분 정도 섀도잉을 합니다. 갑자기 영어를 하는 것과 미리 입을 풀고 말하는 것의 차이가 크기 때문이지요. 저는 이 차이를 호주에 있을 때 느꼈습니다(퇴사 후 장기간 돈벌이 없이 영어 공부를 하던 때, 현실 도피차 서른 살이 끝나가는 무렵 호주에 다녀왔습니다). 그때까지는 섀도잉이 영어 대화를 하는 데 도움이 된다는 사실을 몰랐어요.

놀라운 섀도잉의 효과

저는 발음이나 억양 교정 때문에 섀도잉을 시작한 게 아닙니다. 과거의 저는 영어 팟캐스트를 들으며 이메일을 확인한다거나, 글을 읽는 등 멀티태스킹 하는 걸 좋아했습니다. 그런데 어느 날 문득 듣는 것도, 읽는 것도 잘 안 되더군요. 게다가 당시에 찾아본 바로는 멀티태스킹이 뇌 손상을 유발할 수 있다고 하더라고요. 멀티태스킹 하는 습관도 없앨 겸 저는 섀도잉을 시작했어요.

항상 그러지는 않았지만, 이동 중에는 팟캐스트를 들으며 따라 말해 보았습니다. 듣기에 집중할 수밖에 없는 방법이었죠. 그러면서 깨달은 점이 섀도잉한 다음에는 영어가 훨씬 더 잘 나온다는 거였어요. 그때부터 저는 영어를 써야 할 상황 전에 미리 섀도잉으로 입을 풀어 둡니다.

비단, 저만의 경험이 아니라 저와 함께 스터디를 하는 멤버들도 마찬가지였어요. 섀도잉을 한 날과 하지 않은 날의 스피킹이 확실히 다르다고 입을 모아 말씀하셨으니까요. 심지어 그분들은 외국에 거주해서 늘 영어를 쓰는데도 말이에요.

여러분도 섀도잉을 시도해 보세요. 영어를 소리 내어 따라 말하면서 영어를 말할 때 쓰는 입 근육을 사용해 보는 겁니다. 하다 보면 발음과 억양이 개선될 뿐 아니라 어휘력 향상에도 큰 도움이 됩니다.

섀도잉 자료를 검색해 보면 다들 조금씩 학습 방법이 다릅니다. 저는 제가 그동안 해 왔던 섀도잉 방법들을 소개할게요.

어떤 매체로 섀도잉을 해야 할까?

초중급 학습자에게 매체 선정은 정말 중요합니다. 너무 길면 안 돼요. 여러 차례 반복할 수 있는 짧은 매체가 좋습니다. 영어로만 진행되는 팟캐스트가 어려울 수도 있습니다. 이럴 때는 영어 교재에서 제공하는 음성 파일을 이용해 보세요. 요즘 영어 표현 관련 책을 구매하면 음성 파일을 함께 제공합니다. 그걸 이용해 보세요. 문장별로 구간 반복해도, 챕터별로 구간 반복해도 됩니다.

중급 이상 학습자라 하더라도 섀도잉에 익숙하지 않다면 짧은 매체를 이용하세요. 영어를 잘 듣는 것과 섀도잉은 별개입니다.

입 밖으로 소리를 계속 꺼내 봤던 사람은 편하게 할 수 있지만, 그렇지 않다면 영어 실력과 별개로 섀도잉이 어려울 수 있습니다. 그리고 섀도잉할 때 사용할 매체는 스크립트(transcript) 없이 들어도 이미 70~80% 이상 이해할 수 있는 매체여야 합니다. 내용을 전혀 이해하지 못하는데, 앵무새처럼 그냥 따라 말하는 섀도잉은 시간 낭비입니다. 그러니 너무 어려운 매체로 하지 마세요. 앞서 여러 번 말씀드린 '이해할 수 있는 입력(i+1)' 기억하시지요? 내가 공부할 때 쓰는 매체 난도는 내 현재 실력 수준보다 조금 높아야 합니다.

섀도잉하는 방법

섀도잉 방법은 간단합니다. 듣자마자 들리는 '그대로' 다 따라 말하는 거예요. 심지어 영화를 따라 하다 보면 가끔 제 표정이 캐릭터 표정일 때도 있을 정도예요. 단, 저는 팟캐스트의 스크립트 또는 영화의 영어 자막을 보지 말라고 말씀드립니다. 지금 당장 스크립트나 자막을 보면서 섀도잉을 한 번 해 보고, 없이 한 번 해보세요. 스크립트나 자막을 보면서 섀도잉하는 게 더 잘되는 듯 느껴질 수 있습니다. 마치 영어가 잘 들리는 듯한 착각도 듭니다. 하지만 이것은 눈으로 본 대로 읽는 행위일 뿐이에요. 듣기와 말하기, 이 두 마리 토끼를 모두 잡고 싶다면 스크립트나 자막 없이 섀도잉하기를 권합니다.

　오디오 북을 들으며 원서를 읽을 때도 눈으로 읽는 편이 귀로 듣기보다 빠르다고 말씀드렸지요. 섀도잉도 그래요. 귀로 듣기 전에 먼저 눈으로 읽게 됩니다. 그럼 듣는 데 집중할까요? 읽는 데 집중할까요? 듣는 데 소홀할 수밖에 없습니다. 그래서 팟캐스트의 한 에피소드를 쭉 섀도잉하거나 일정 분량의 영화를 쭉 섀도잉하는 거라면, 스크립트나 자막을 '읽으면서' 섀도잉하기는 실력 향상에 큰 도움이 안 된다고 생각합니다. 꼭 소리에 집중해서 따라 말해 보세요.

　이때 문장별 구간 반복은 이야기가 다릅니다. 문장별로 구간 반복을 한다면, 한 문장을 몇 차례고 반복해서 듣는 거라 스크립트나 자막을 봤다고 해서 듣는 데 집중하지 않는 게 아닙니다. 특히 영화나 미드로 섀도잉할 거라면 문장별 반복 섀도잉을 권합니다. 하지만 처음에 자막을 봤다 하더라도 반복해서 섀도잉할 때는 가능한 한 자막을 보지 않는 편이 좋습니다.

　섀도잉 관련해서 많이 들어온 질문의 답변은 아래 링크 영상에서 확인해 주세요.

• 영어 섀도잉 방법 Q&A
　QR 코드: https://youtu.be/yPs9HPhVwKU

스크립트(transcript)는 언제 보면 될까?

"대체 스크립트 없이 어떻게 섀도잉을 하지요?"라고 물으실 수 있어요. 그래서 매체 선정이 중요합니다. 매체의 길이도 중요하지만, 난도도 중요해요. 여러분의 영어 실력에 맞는 매체를 고르세요. 스크립트나 자막 없이 귀로만 집중해서 듣고 섀도잉할 수 있는 매체로요.

"그럼 스크립트나 자막은 언제 봐야 할까요?"

하나, 섀도잉하기 전에 먼저 내용을 공부할 때 본다

내용 이해가 안 되는데 섀도잉하는 것은 밑 빠진 독에 물 붓기나 마찬가지입니다. 제대로 들리지 않는데 따라 말할 수는 없지요. 섀도잉하기 전에 내용을 숙지하고, 사용된 표현이 무엇인지 예습할 때 확인해 보세요.

둘, 섀도잉을 먼저 여러 번 반복한 뒤 도저히 들리지 않는 부분이 있을 때 확인한다

들리지 않는 부분만 이 방법을 참고하세요. 먼저 섀도잉을 여러 번 반복합니다. 안 들려서 따라 할 수 없는 부분이 분명 있을 거예요. 처음 몇 번은 중간에 끊지 않고 그냥 쭉 섀도잉합니다. 여러 번 반복하는 과정에서 앞뒤 문맥에 따라 어떤 단어인지 유추될 때가 있어요. 그래도 계속 안 들리는 부분은 그 구간만 따로 몇 번 들어 봅니다. 이 단어나 표현이 무엇인지 이해는 못 해도 이 과정에서 소리가 머릿속에 더 각인됩니다. 이후에 스크립트를 확인하면 '아, 그 소리가 이 말이었구나!' 하는 '아하!' 순간이 찾아옵니다.

하나 더 팁을 드릴게요. 섀도잉하면서 '내가 써 보고 싶은' 표현이나 문장은 따로 정리해 둡니다. 그럼 나중에 그 매체를 다시 찾을 필요 없이, 정리해 둔 노트나 파일만 확인하면 되니까요.

헤이민지의 섀도잉 반복 연습 후 촬영한 영상

❶ 실제 섀도잉하는 영상(연기력 주의)

　QR 코드: https://youtu.be/3yvpcLu10Ss

❷ 영어 더빙 | 「라푼젤」 앵그리 고델을 연기해 본다

　QR 코드: https://youtu.be/c6kv-4rF75M

❸ 영어 더빙 | 「라푼젤」 '엄마는 다 알아'를 영어로 연기해 본다

　QR 코드: https://youtu.be/ypwFJdX9Jsw

❶ 정해 놓은 학습 분량을 최소 일주일간 반복 섀도잉하기

영어뿐 아니라 모든 언어 공부에는 반복이 필수입니다. 여러 번 반복할 수 있도록 학습할 분량이 너무 길지 않은 편이 좋습니다. 긴 영화나 미드는 하루하루 공부할 분량을 정해서 분량당 대화별로 구간 반복하세요.

영어 학습용 팟캐스트도 한 번 섀도잉을 시작하면 해당 분량이 끝날 때까지 해야 하므로, 너무 긴 매체는 좋지 않아요. 영화나 미드의 대사별 구간 반복은 그 대사를 잘 따라 할 수 있을 때까지 반복하면 됩니다. 팟캐스트로 섀도잉한다면 일주일간 하루에 최소 두 번은 하세요. 출퇴근 시간, 설거지나 청소하는 시간, 기상해서 한 번 자기전에 한 번 등 자신에게 편한 시간을 골라서 반복합니다.

❷ 속도에 연연하지 않기

섀도잉할 때 원어민이 말하는 속도로 따라 할 필요는 없습니다. 말을 빨리 한다고 영어를 잘하는 게 아니니까요. 속도에 연연하느라 발음, 억양을 잘 따라 하지 못하고, 사용되는 어휘 또한 잘 듣지 못한다면 굳이 섀도잉할 이유가 없습니다.

섀도잉은 속도가 아니라 어휘와 발음, 억양 중심으로 진행해야 합니다. 섀도잉할 때 가장 많이 하는 실수가 원래 속도 그대로 따라 하려다가 발음과 억양, 어휘도 잡지 못하는 거랍니다. 말하는 속도는 중요하지 않으니 제발 속도에 연연하지 마세요. 저는 일부러 말하는 속도를 늦춰 섀도잉할 때도 많습니다. 내가 '섀도잉하는 대상'의 억양과 어휘를 따라 말하는 게 핵심입니다. 속도가 아니에요.

섀도잉하려는 매체의 속도가 빠르면, 속도를 늦추는 PC 프로그램이나 모바일 앱을 활용하세요. 속도를 늦췄는데도 따라 하기 힘들다면, 그 매체는 여러분에게 너무 어려울 가능성이 커요. 그럴 때는 매체를 바꾸거나 낭독으로 학습 방법을 대체하세요.

❸ 셀프 피드백하기

자신의 섀도잉을 녹음해서 셀프 피드백을 해 보세요. 어디가 이상한지, 틀렸는지 알려면 내가 어떻게 섀도잉하는지 들어 봐야 합니다. 말할 때는 똑같이 따라 하는 듯해도 막상 녹음을 들어 보면 이상한 부분이 있습니다. 녹음된 본인 목소리를 듣기가 어색할 수도 있지만, 꼭 거쳐야 할 과정입니다.

우리는 이미 영어 듣기에 익숙합니다. 그러니 내가 아는 어휘를 틀리게 발음하면 그 소리를 잘 잡아낼 수 있습니다. 이렇게 틀린 발음을 골라내 보세요. 그리고 그 발음을 연습한 뒤 다시 녹음해 보는 겁니다. 단어 발음을 확인해서 연습하고, 문장 속에서 연음 그대로 덩어리째 또 연습해 보세요.

스무θ하게 읽을 때까지 낭독해 보자

낭독은 읽기와 말하기를 동시에 학습하는 방법입니다. 앞서 속도를 늦춰도 섀도잉이 버겁다면 낭독으로 대체하라고 말씀드렸지요? 이는 낭독이 주는 효과도 크기 때문입니다.

놀라운 낭독의 효과

낭독(소리 내어 읽기)의 진가는 해 본 사람들만 알 수 있습니다. 특별히 긴 단어나 발음하기 어려운 단어가 아니면, 많은 학습자는 읽는 데 큰 어려움을 겪지 않습니다. 그러다 보니 소리 내어 글을 읽는 게 영어 실력 향상에 어떤 도움이 되는지 궁금해합니다.

소리 내서 읽으려면 이해를 해야만 제대로 읽을 수 있습니다. 즉, 의미를 모르면 제대로 소리 내어 읽지 못한다는 말입니다. 이해 안 되는 영어 글을 소리 내어 읽어 본 적 있으신가요? 없다면 한번 해 보세요. 제대로 이해가 되지 않기에 문장을 쭉 읽어 나가는 과정에서 의미 단위로 끊어 읽기가 굉장히 어색할 겁니다.

독일에서는 소리 내어 읽도록 어릴 때부터 책 낭독을 시킨다고 합니다. 이해력 향상을 위해서요. 그래서 독일 사람들은 독해력이 뛰어날 수밖에 없다고 해요.

여러분이 영어를 제대로 이해하며 읽고 싶다면 낭독을 해 보세요. 발음이 좋아지는 것은 덤이에요. 저는 원서 읽는 콘텐츠를 준비하면서 낭독의 효과를 톡톡히 느꼈습니다. 당시 같은 부분을 반복 낭독했는데, 제 자신도 느낄 정도로 발음이 좋아졌어요.

해당 원문을 틀리지 않고 처음부터 끝까지 매끄럽게 읽으려면 엄청난 반복이 필요합니다. 자연스럽게 읽으려면 단어의 강세를 일일이 찾아 가며 공부도 해야 하지요. 이리 노력했는데 발음이 좋아지지 않는다면 그게 더 이상하지 않겠어요? 독해력 향상에 좋고, 영어 발음 향상에도 도움이 되니 소리 내서 읽지 않을 이유가 없습니다.

낭독하는 요령 알기

낭독은 그리 만만하지 않습니다. 지금 당장 한 페이지 분량의 글을 한 번도 틀리지 않고 자연스러운 속도로 낭독해 보세요.

자, 어떠신가요? 중간에 버벅대지는 않으셨나요? 처음 보는 표현, 어떻게 발음해야 하는지 모르는 단어, 어디서 끊어 읽어야 하는지 모르는 긴 문장 등을 마주하지는 않으셨나요?

그럼, 지금부터 낭독을 어떻게 해야 하는지 그 요령을 알려 드릴게요.

하나, 낭독할 글을 우선 공부합니다

단어와 표현을 공부하고, 문법을 생각하며 해석해 보세요. 이때 문장 구조를 파악하면서, 많이 긴 문장은 어디서 끊어 읽으면 좋은지 의미 단위로 표시해 둡니다. 음성 파일이 있는 기사나 글이면 더 좋고, 오디오 북이 있는 원서도 괜찮습니다. 만약 어디서 끊어 읽어야 할지 감이 잘 오지 않는다면 음성 파일을 활용하세요. 파일에서 낭독자가 문장의 어느 구간에서 끊어 읽는지 표시해 두고 그대로 읽으면 됩니다. 이렇게 의미 단위를 확인할 수 있어요. 낭독자의 억양도 체크할 수 있으니 일거양득!

단, 내가 공부해서 의미 단위로 끊은 게 아니라 음성 파일의 힘을 빌렸다면, 문장 구조를 파악하는 작업은 하셔야 해요. 그래야 문장 독해력이 향상됩니다.

둘, 여러 번 반복 낭독하세요

모르는 단어와 표현도 공부했고, 어디에서 끊어 읽을지도 표시했습니다. 그런데도 소리 내어 읽어 보면 매끄럽지 못하거나 막히는 부분이 있습니다. 이 부분은 따로 표시해서 왜 그랬는지 그 이유를 찾아야 합니다. 단순히 발음이 잘 안 되는 단어라 어색했는지, 어떤 억양으로 읽어야 하는지 몰라서 이상했는지 등등.

저는 제가 알고 있던 단어의 강세가 맞는지 의구심이 들 때나, 단어나 표현이 익숙하지 않을 때 그렇습니다. 이때는 그 단어의 발음을 여러 사전에서 찾아 들어 보고 따라 말해 봅니다. 단어의 강세를 잘못 알고 있었다면 강세를 주어야 하는 지점에 표시합니다. 읽을 때마다 기억할 수 있도록요.

확인과 표시를 마쳤다면, 매끄럽게 읽을 수 있을 때까지 반복해서 읽습니다. 이때 마음속으로 읽거나 속삭이며 읽지 마세요! 꼭 소리 내어 큰 소리로 읽기를 권합니다.

셋, 녹음 및 확인을 거치세요

어느 정도 매끄럽게 읽을 수 있게 되면 녹음을 시작합니다. 이게 가장 고된 작업입니다. 꼭 토씨 하나 틀리지 않고 완벽하게 할 필요는 없어요. 자신에게 적당하다 느껴지는 타협점을 찾아 만족할 때까지 반복 녹음하면 됩니다.

최종 녹음을 마친 후에는 꼭 들어 보세요. 낭독도 녹음한 것을 들어 보며 셀프 피드백을 합니다. 낭독할 당시에는 잘 발음했던 것 같은 발음도, 막상 녹음으로 들어 보면 잘못 발음하고 있음을 종종 발견하게 됩니다. 제게는 장·단음이 그렇습니다. 이렇게 발음이 잘못된 부분을 확인했다면 그 발음을 사전에서 다시 한 번 확인한 뒤 교정해 보세요.

• 영어 기사 낭독의 힘
QR 코드: https://globee.tistory.com/445

배우 빙의: 혼잣말

혼잣말은 제가 가장 좋아하며, 자주 하는 학습 방법입니다. 거울을 보면서 해도 되고, 상대방이 앞에 있다고 생각하며 해도 됩니다. 처음에는 어색할 수 있으나 배우가 됐다고 생각해 보세요. 내가 지금 어떠한 상황에 있다고 가정하고 연기를 하는 겁니다. 물론 영어로요.

원어민과 대화하기가 부담스러운 분에게 '혼잣말'은 좋은 말하기 훈련 방법입니다. 듣기가 어느 정도 되어야 상대의 말을 이해하고 내 말을 이어 나가지요. 혼잣말은 그런 걱정을 할 필요가 없습니다. 내가 준비한 말을 다 내뱉어 볼 수 있지요.

공부한 표현은 머릿속에 있는 것보다 실제로 입 밖으로 내뱉어 가며 써먹어야 입에 붙습니다. 기본 방법은 아래와 같습니다.

① 내가 언젠가 경험할지도 모를 상황을 상상한다

② 그 상황에서 쓸 만한 어휘와 표현을 찾아서 공부한다

③ 공부한 표현으로 그 상황에서 말할지도 모르거나, 말하고 싶은 예문들을 만든다(일종의 스크립트 준비)

④ 암기하고, 자연스럽게 말할 수 있도록 소리 내서 말한다

⑤ 그 상황에 있다고 상상하며, 준비한 예문을 상대와 대화하 듯 말한다

위와 같은 과정을 거쳐도 좋고, 그 상황에 있다고 가정하고 준비 없이 바로 혼잣말을 시작해도 좋습니다. 이때는 녹음하는 편이 좋아요. 준비 과정 없이 바로 혼잣말을 하다 보면 내가 어떤 말을 했는지 확인할 방법이 녹음밖에 없습니다. 녹음을 해서 내가 어떻게 말했는지 들어 보세요.

녹음하면 잘못 말한 표현이나 문법의 셀프 피드백을 할 수 있습니다. 말을 하면서도 '이게 맞는 말인가?' 싶을 때가 있을 거예요. 그럴 때는 일단 녹음을 끝낸 뒤 들어 보세요. 녹음을 들으면서

내가 한 말이 맞는지 검색해 보고, 더 올바른 표현을 찾아봅니다.

지금의 저는 혼잣말이 너무 익숙해서 녹음을 따로 하지는 않습니다. 어떤 상황에 있다고 가정하고 바로 혼잣말을 시작하는데, '이 상황에서는 뭐라고 해야 하지?'라고 할 때가 분명 있어요. 그러면 바로 사전을 열어 찾아봅니다. 그런 뒤 다시 그 상황에 있다고 상상하며 그 표현을 이용해 말을 해 봅니다. 사전을 참고해도 알 수 없는 문장은 앞서 말씀드린 구글과 번역기를 활용합니다.

준비 없이 바로 저처럼 혼잣말을 하겠다면, 그 과정에 찾아봤던 단어나 표현은 꼭 따로 정리해서 자주 봐 주세요. 혼잣말할 때 찾아보고 한 번 내뱉어 봤다 할지라도, 한 번으로 끝나면 그 표현은 금세 기억 속에서 사라집니다.

유튜브
데일리 로그

일기를 꼭 글로 쓰라는 법 있나요! 저는 말하는 장면을 영상으로 남겼습니다. 오늘 어떤 일이 있었는지, 그날은 어땠는지 등 소소한 일상을 영어로 찍어 보세요. 영상이 부담스러우면 음성만 녹음해도 괜찮습니다. 저는 한술 더 떠 유튜브에 촬영한 일기 영상을 공개적으로 올렸어요. 말하기 연습을 하고, 실수의 두려움도 극복하기 위해서였지요. 여러분에게도 추천합니다.

처음 영어로 녹음을 하거나 영상을 찍을 때 막막할 수도 있어요. 이럴 때는 '쓰기'로 먼저 할 말을 정리해 보세요. 우리는 이걸 스크립트라고 부르지요. 여기서 제가 권하는 방법은, 스크립트를 그대로 외우는 겁니다. 완벽하게요. 보고 읽는 게 아니라 외워서 말해 보는 거예요.

첫날에는 한 문장, 이틀째는 두 문장, 사흘째는 세 문장. 이렇게 한 문장씩 늘려서 쓰고 외워 보세요. 문장이 몇 개 되지 않을 때는 외운 걸 바로바로 말할 수 있습니다. 그러나 문장이 많아지면 다음 문장이 뭐였는지 헷갈릴 때가 있어요. 이때는 문장의 핵심 단어나 표현을 따로 적은 뒤 그것만 확인하며 말하는 방식을 추천합니다.

예를 들어, 다음과 같이 말할 문장을 준비했다고 가정해 볼게요.

I had a dream that I got into an argument with a bunch of people. They said a bad word to me, and it made me pissed off. So I started yelling at them, but I was able to express my feelings clearly and accurately, even though I was angry. When I got up the next morning, I had an idea. Maybe my speaking skills get better when I am upset.

많은 사람과 말다툼 하는 꿈을 꿨어요. 그들이 제게 나쁜 말을 해서 화가 났죠. 그래서 그들에게 소리를 질렀는데, 화가 났는데도 제 생각을 명확하고 정확하게 표현할 수 있었어요. 다음 날 아침 일어났을 때, 이런 생각이 들더군요. 화가 나면 아마도 말솜씨가 좋아지는 것 같다는 그런 생각이요.

이때 각 문장의 핵심 단어나 딱 봤을 때 다음에 오는 문장을 떠올리게 하는 단어를 따로 적어 보는 거예요.

got into an argument, a bad word, pissed off, yelling, express my feelings, got up, speaking skills

문장을 다 암기했다면 적어 놓은 핵심 단어만 봐도 어떤 문장이었는지 바로 입 밖으로 튀어나옵니다. 문장을 다 외웠는데 문장 순서가 헷갈린다면 이야기 순서에 맞게 적은 단어들을 보면서 말을 이어 나가세요. 그리고 녹음하세요. 녹음이나 녹화를 했다면 셀프 피드백도 당연히 해야겠지요!

처음에 할 수 있는 피드백은 발음 피드백입니다. 우리는 영어 듣기에 익숙해서 틀린 발음은 기가 막히게 잘 알아챈다고 말씀드렸지요? 저도 제 영상이나 녹음 파일에서 틀린 발음이나 어색한 억양을 꽤 잘 찾아냅니다. 어색하거나 잘못된 발음은 꼭 다시 연습해 보세요.

그다음에 할 수 있는 것은 문법적인 피드백입니다. 만약 미리 스크립트를 준비했다면 할 필요가 없습니다. 준비를 하면서 이미 체크했을 테니까요. 하지만 스크립트 없이 진행했다면 내가 말을 잘하지 못한 부분에 대한 원인을 찾고 필요한 내용을 공부하세요.

회화 공부에 문법?

종종 "회화 실력 향상에 문법 공부가 필요하나요?"라는 질문을 받습니다. 물론, 문법 공부 없이도 일정 수준까지 영어 회화 실력을 끌어올릴 수는 있습니다. 문장을 외워서 대화하기 때문이지요. 문장을 응용할 수 있기 전까지는 알고 있는 문장이 많을수록 좋고요. 그러려면 내가 쓰고 싶은 문장을 많이 외워야 합니다. 때문에 문장을 외우기만 하는 수준에서는 문법 공부 없이도 어느 정도 회화가 가능합니다. 단, 그 이후로는 실력이 올라가지 않아요. 영어 실력을 중급 이상으로 끌어올리고 싶다면 문법 공부는 필수라고 생각합니다. 내가 말하는 문장이 어떤 구조로 이루어져 있는지 알아야, 기본 뼈대에 살을 붙이며 문장을 확장할 수 있으니까요.

하지만 초급, 초중급 학습자는 말할 때 문법 생각을 많이 안 하셨으면 합니다. 틀리는 데 온 신경을 쓰다 보면 두려움이 생겨 말하기를 꺼리기 때문이에요. 문법 생각에 한마디도 하지 못하는 것보다 일단 질러 보는 편이 낫습니다. 문법이 부담스럽다면, 얇은 문법책으로 공부를 시작해 보세요. 기본 뼈대는 잡아야 하니까요. 얇다는 말은 기본 외에 많은 내용을 담지 않았다는 말입니다.

중급 학습자는 어느 정도 문법이 잡혀 있을 거예요. 이럴 때는 문법책을 사서 처음부터 공부하기보다 기사나 원서를 읽으면서 모르는 문장 구조나 문법이 나왔을 때 인터넷에 검색해 보세요. 자신에게 필요한 부분만 뽑아서 공부해도 충분합니다.

온라인 영어
스터디를 해 보자

영어만 쓰는 스터디에 참여해 보세요. 유튜브에 올리는 데일리 로 그도 좋았지만, 제 영어 실력을 확 높여 준 건 혼잣말과 스터디 참 여였습니다.

대화는 소통이 이루어지는 양방향 말하기입니다. 상대의 말을 듣고 그에 맞는 반응과 대답을 해야 하지요. 내가 영어로 어느 정 도 말을 할 수 있게 되고 아는 표현과 문장이 많아지면, 영어로 말 하는 순발력을 키우기 위해 누군가와 대화해야 합니다. 그게 '원 어민과 대화하기'가 될 수도 있지만, 저는 영어 공부를 하는 '한국인과 스터디'를 했습니다.

저는 오프라인으로 진행되는 스터디에는 참여해 본 적이 없습니다. 그때부터 지금까지 스카이프(Skype)로 스터디를 하고 있어요. 장소에 구애받지 않아서, 해외에 거주하며 영어 공부를 하는 분들과도 함께 할 수 있었습니다.

언택트 시대인 요즘은 스카이프 외에도 줌(Zoom), 카카오톡으로 온라인 스터디에 참여하는 분이 많습니다. 제가 처음 스터디에 참여할 때만 해도 스터디 그룹을 찾기 힘들었는데, 지금은 검색창에 '온라인 스터디 모집'이라고 치면 방대한 검색 결과가 나옵니다. 원하는 스터디에 참여해 보세요.

하고 싶은 스터디를 찾다 보면 이런 궁금증이 생길 거예요.

'한국인들과 영어로 대화하나?'
'원어민도 참여하나?'
'피드백해 줄 사람은 있나?'

제가 참여했던 스터디 멤버는 모두 한국인이었습니다. 성인이 돼서 해외로 건너가 사는 분들은 있었어도, 원어민이나 교포는 없었어요. 당연히 남에게 받는 피드백도 없었습니다. 영어로만 진행하는 스터디에 참여한다고 했을 때 "한국인만 있는데도 영어가 늘어요?"라는 질문을 받은 적이 있어요. 엄밀히 말하자면, 본인 하기에 달렸습니다.

이렇게 생각해 볼까요? 원어민이 진행하는 수업이 있어요. 그 수업을 듣기만 하면 영어가 늘까요? 늘지 않습니다. 본인이 얼마나 적극적으로 공부했느냐에 따라 실력이 향상되지, 원어민이 있고 없고는 영어 실력 향상에 중요한 요인이 아니에요.

스터디에 열심히 참여했던 사람들은 압니다. 한국인들과 스터디를 해도, 피드백을 해 주는 사람이 없어도, 본인이 노력한 만큼 실력이 향상한다는 걸요. 물론 피드백해 주는 사람이 있다면, 더 빠른 정보 습득이 가능합니다. 내 실력이 늘면서 스스로 잘못된 표현의 사용을 알아채는 것과, 틀린 점을 지적해 주는 사람이 있어서 빨리 알아채는 것의 차이죠. 피드백해 주는 사람이 있다고 해도 실력이 늘고 말고는 여러분의 의지에 달렸습니다. 피드백을 받고도 기존 습관 그대로 말하는 분도 많으니까요.

제가 한창 스터디에 많이 참여할 때는 퇴사 1년 후였습니다. 그때는 정말 온종일 영어 공부만 했어요. 스터디 참여로 영어 실력이 느는 이유는, 스터디 참여를 위해 준비하는 과정 덕분입니다. 스터디에만 참여하면 영어가 늘 거로 생각하신다면 오산입니다. 영어로 말하는 시간이 일주일에 한 시간뿐인데 영어가 어떻게 늘겠어요? 그 한 시간을 알차게 보내기 위해 쏟는 노력과 시간이 있었기에 영어 실력이 올라간 겁니다. 스터디 시간은 내가 공부했던 표현들, 외운 문장들을 말로 내뱉어 보는 기회의 시간일 뿐입니다. 예상치 못했던 주제로 이야기가 오가거나 질문을 받았을 때, 틀리더라도 적극적으로 대답하고 말하는 데 익숙해지기 위함이기도 합니다.

스터디에 참여하면 해야 하는 숙제가 생깁니다. 스터디의 성격마다 다르겠지만 대체로 섀도잉, 낭독, 녹음, 받아쓰기(딕테이션), 발표 준비 등이 있습니다. 숙제를 열심히 해 주세요.

영어로만 진행하는 온라인 스터디 방법 예시

❶ 팟캐스트 받아쓰기(딕테이션) + 섀도잉

- 10～20분 내외 분량의 에피소드를 한 주에 하나씩 받아쓰고 섀도잉

- 공부한 표현을 이용해 질문을 만들고 생각 공유

❷ 영어 기사/사설 필사

- 한 주에 하나씩 기사나 사설 필사

- 기사나 사설 내용과 관련하여 질문하고 토론

❸ 북클럽

- 한 책을 매주 한 챕터씩 읽고 챕터별 느낀 점 쓰기, 모여서 생각 공유

- 한 달에 책 한 권씩 읽고 모여서 책 내용 관련 생각 공유

❹ 시사 토론

- 당시에 일어난 여러 가지 사회적 사건을 알아보고 토론

❺ 영어 프레젠테이션

- 주제를 정해서 발표할 내용 정리

- 발표자가 되어 자기가 이해한 내용을 설명

- 발표자에게 질문하기, 발표자는 그 질문에 답변하기

❻ 영화 섀도잉

- 공부할 분량을 반복 섀도잉하고 표현 공부

- 영화 내용과 관련해 질문하고 생각 공유

❼ 영화 낭독

– 공부할 분량을 반복 낭독하고 표현 공부

– 내가 쓰고 싶은 표현을 골라 나만의 문장 만들어 암기

– 영화 내용과 관련해 질문하고 생각 공유

❽ TED Talk 섀도잉 또는 낭독

– 연사가 된 것처럼 섀도잉(영어를 모국어로 쓰지 않는 연사의 영상은 낭독)

– 내용 관련 생각 공유

영어로
영어 설명하기

학창 시절 친구에게 수학 문제나 학습한 내용을 설명해 본 경험이 있나요? 내가 혼자 공부할 때보다 누군가를 가르치면서 공부하면 그 내용은 잘 잊히지 않습니다. 뭔가를 가르치려면 내가 그것을 확실히 알고 있어야 하기 때문입니다.

모르는 걸 말로 설명하기는 힘들죠. 그래서 '남한테 가르친다고 생각하고 공부하라'라는 말을 종종 들었습니다. 이 원리를 영어에도 적용할 수 있습니다. 다만, 이 방법은 영어 문장 구조가 어떻게 이루어져 있는지 알고, 조금이라도 영어 말하기가 가능한 중급 이상 학습자분들에게 적합합니다.

제 유튜브 계정에는 영어로 영어 표현을 설명하는 영상들이 있습니다. 제 영어 말하기 연습을 위해서이기도 하고, 보는 사람들에게도 유용한 영상이었으면 해서이기도 합니다. 영어로 영어를 설명하려면 자신이 설명하고자 하는 표현을 잘 알아야 합니다. 표현 공부와 말하기 연습을 동시에 하고 싶다면, 누군가에게 그 표현을 가르친다고 생각하며 영어로 설명해 보세요. 그 순간만큼은 영어 강사가 되어 보는 겁니다. 영어의 뜻과 쓰임을 철저히 공부하고, 이것을 영어로 어떻게 설명해야 할지도 고민해 보세요. 처음에는 어렵겠지만, 곧 익숙하게 해내실 겁니다.

저처럼 혼잣말로 자신에게 가르치듯 말해 보거나, 영상을 제작해도 좋습니다. 또는 누군가를 앞에 앉혀 놓고 설명하는 것도 괜찮은 방법입니다. 혼자 말할 때와 사람이 앞에 있을 때의 긴장감은 확실히 다르니까요.

부록 ❸

넷플릭스로 영어를 공부하는 방법

넷플릭스가 영어 공부용으로 만들어지지는 않았지만, 많은 분이 넷플릭스로 영어 공부를 합니다. 특히 크롬 브라우저의 다양한 익스텐션이 영어 공부를 효율적으로 할 수 있도록 도와주지요. 가장 많이 하는 공부는 영화나 미드를 보며 섀도잉을 하는 겁니다. 혹시 여러분도 섀도잉만 하시나요? 넷플릭스를 구독했으니 본전을 뽑아야죠! 이제 섀도잉만 하지 마시고, 역번역도 같이 해 보세요.

앞서 번역서가 있는 원서를 읽을 때 학습하는 방법으로 역번역을 말씀드렸지요? 이 방법을 넷플릭스에도 적용하는 겁니다. 영화나 드라마에는 실생활에 쓰이는 대화문이 많이 나와요. 역번역 공부 매체로 쓰기에 꿀입니다.

넷플릭스 역번역 학습을 위한 준비

넷플릭스 역번역 학습을 하려면 우선 준비해야 할 것이 있습니다. 영어와 한글 자막을 모두 보여 주는 크롬 익스텐션을 설치해야 합니다. 'Language Learning with Netflix'와 'NflxMultiSubs' 중에 여러분의 기호에 맞는 것으로 사용하세요. 둘 다 간단한 설정을 통해 한글과 영어 자막을 모두 보여 줍니다.

개인적으로 저는 'Language Learning with Netflix'를 더 좋아합니다. 두 자막을 동시에 보여 줄 뿐 아니라, 자막 단위로 건너뛰기가 가능하거든요. 모든 대사를 놓치지 않고 빨리 보기를 할 때 유용합니다.

넷플릭스의 한 / 영 자막을 이용해서 역번역하기

보통은 영어 공부를 위해 할리우드 영화나 미드를 볼 때 영어 자막을 켠 채로 보실 거예요. 이번에는 반대로 한국 영화나 드라마를 볼 때 영어 자막을 켜고 보세요. 즉, 음성을 한국어로 듣고 그 한국어에 맞는 영어 표현을 자막으로 확인하는 것이지요. 우리가 영어를 보고 한국어로 번역하듯이, 한국어를 보거나 듣고 거꾸로 영어 표현을 유추해 보는 방식입니다. 들리는 한국어 대사와 넷플릭스에서 제공하는 한국어 자막이 다를 때도 있으니, 한국어 자막도 같이 켜 놓고 보기를 추천합니다. 두 언어의 자막을 동시에 켜 놓고 보면 영어와 한국어 표현을 바로 비교해 볼 수 있습니다. 한국어에는 영어와 1:1로 매칭해서 말하기 애매한 표현들이 있습니다. 영작을 하면서 '이건 영어로 어떻게 말하지?'라고 생각해 본 적 없나요? 이럴 때 이 역번역이 많은 도움이 됩니다. '이 말은 영어로 이렇게 표현하는구나!' 하고 알게 될 거예요. 또한, 한국어를 들었을 때 '나라면 영어로 이렇게 표현하겠다' 싶었던 것도 막상 영어 자막을 보면 내 생각과 다르게 표현하기도 합니다. 내가 말할 줄 아는 문장도 새로운 표현으로 확인할 수 있으니 추가 표현 습득에도 좋습니다.

꼭 한국 영화나 드라마가 아니더라도 괜찮습니다. 단, 이때는 보려고 하는 영화나 드라마에 한국어 더빙이 함께 있으면 좋습니다. 특히 애니메이션 영화를 한국어 더빙으로 들으면서 영어 자막으로 보는 재미가 쏠쏠하답니다(다만 넷플릭스에 한국어 더빙 외화가 많지는 않습니다).

Should you or should't you?

그러면 돼, 안 돼?

드라마 「동백꽃 필 무렵」 중에서

드라마 「동백꽃 필 무렵」 중에서 "공으로 친구 허벅다리를 까면 되겠어, 안 되겠어? 그러면 돼, 안 돼!" 하고 훈육하는 장면이 있습니다. 여기서 "그러면 돼, 안 돼?"라는 말은 "Should you or shouldn't you?"로 나옵니다. 이 장면에서 "그러면 돼, 안 돼?"라는 말을 "Should you or shouldn't you?"로 할 수 있다는 걸 알 수 있습니다.

That is why I am so fond of you, Beom-pal.

그래서 제가 오라버니를 좋아합니다.

드라마 「킹덤」 중에서

드라마 「킹덤」 중에서 '좋아하다'라는 표현을 영어 자막에서는 be fond of로 나타냅니다. 우리가 흔히 쓰는 like가 아니라 be fond of로도 나타낼 수 있다는 것을 알 수 있습니다.

Not bad yourself.

네 솜씨도 썩 괜찮았어.

영화 「가디언즈」 중에서

영화 「가디언즈」 중에서 '너도 나쁘지 않았어'라는 표현을 Not bad yourself라고 말하는 장면이 있습니다. "너도 나쁘지 않았다"라는 말을 했으니, 앞서 "네 솜씨가 나쁘지 않았다"라고 상대가 먼저 말했을 겁니다. 이때, "너도 / 네 솜씨도 나쁘지 않았다"라는 "You, too."의 의미로 not bad 뒤에 'yourself'를 붙이면 된다는 걸 알 수 있습니다.

It'll dry in no time.

빨리 마르겠어.

영화 「하울의 움직이는 성」 중에서

영화 「하울의 움직이는 성」은 한국어, 영어 더빙으로 들을 수 있습니다. 원하는 더빙 버전으로 들어 보세요. 이 장면에서는 '빨리'를 fast나 quickly 외에 in no time으로 표현하는 걸 알 수 있습니다.

위 예시들처럼 넷플릭스 자막 기능을 활용해 쓸모 있는 표현을 익힐 수 있고, 영어로 표현하기 애매한 한국어 문장을 어떻게 표현하는지도 배울 수 있습니다. 좋아하는 한국 영화나 드라마를 보면서, 한국어 대사에 맞는 영어 표현을 쪽쪽 뽑아 보세요. 다양한 공부 예시는 아래의 링크에서 확인해 보세요.

• 넷플릭스로 영어 공부하기(역번역)
  QR 코드: https://globee.tistory.com/465